C.H.BECK WISSEN

Der karthagische Feldherr Hannibal ist eine der herausragenden Gestalten der Antike. Als einer der wenigen Nichtgriechen oder Nichtrömer hat er sich einen festen Platz im klassischen Bildungskanon sichern können. Seine tollkühne Alpenüberquerung mit Kriegselefanten, sein heldenhafter, letztlich aber vergeblicher Kampf gegen die Römische Republik, seine jahrelange Flucht vor den Römern durch den gesamten Mittelmeerraum sowie sein tragischer Selbstmord im Exil sind nur die bekanntesten Höhepunkte seines bewegten Lebens. Mit kritischem Blick nimmt dieser Band die antiken Quellen unter die Lupe und gibt einen zugleich spannenden wie informativen Überblick über den Karthager und seine alles andere als gewöhnliche Biographie.

Jan-Markus Kötter ist Juniorprofessor für Alte Geschichte an der Heinrich-Heine-Universität Düsseldorf. Seine Forschungsschwerpunkte liegen u. a. auf der Geschichte der mittleren Römischen Republik, den Scipionen sowie der geschichtswissenschaftlichen Biographik.

Jan-Markus Kötter

HANNIBAL

Roms größter Feind

C.H.Beck

Mit 4 Abbildungen und 6 Karten

Originalausgabe

www.chbeck.de
Reihengestaltung Umschlag: Uwe Göbel (Original 1995, mit Logo), Marion Blomeyer (Überarbeitung 2018)
Umschlagabbildung: Hannibal in Italien, Jacopo Ripanda zugeschriebenes Fresko (Ausschnitt), 1507–1508, Konservatorenpalast, Kapitolinische Museen, Rom. © Eric Vandeville/akg-images
Satz: C.H.Beck.Media.Solutions, Nördlingen
Druck und Bindung: Druckerei C.H.Beck, Nördlingen
Printed in Germany
ISBN 978 3 406 82262 9

verantwortungsbewusst produziert
www.chbeck.de/nachhaltig

Inhalt

I. Prolog: Der größte Feldherr aller Zeiten

Einige Jahre nach der Schlacht von Zama (202 v. Chr.) sollen sie sich wiedergetroffen haben: Hannibal Barkas, der legendäre karthagische Feldherr, der Rom im Zweiten Punischen Krieg an den Rand einer Niederlage gebracht hatte, und Publius Cornelius Scipio Africanus, der nicht minder legendäre römische General, der seinen karthagischen Gegner in der Entscheidungsschlacht des Krieges besiegt hatte. Hannibal diente mittlerweile als Berater hellenistischer Könige im östlichen Mittelmeerraum, und genau dorthin, ins kleinasiatische Ephesos, gelangte im Zuge einer Gesandtschaftsreise eines Tages auch Scipio. Frei vom Druck des früheren Krieges plauderten die ehemaligen Gegner über dieses und jenes, bis Scipio schließlich die Frage an Hannibal richtete, wer der größte Feldherr aller Zeiten sei. Hannibal musste nicht lange überlegen: Dies sei natürlich Alexander der Große. Auf die Anschlussfrage nach dem zweitgrößten Feldherrn nannte er dann Pyrrhos, den König der Epiroten. Und als Scipio zu guter Letzt noch wissen wollte, wer der drittgrößte Feldherr der Geschichte sei, listete Hannibal sich kurzerhand selbst. Ein wenig irritiert, aber auch amüsiert bohrte Scipio nach, immerhin hatte er den Karthager seinerzeit geschlagen: Wie denn die Reihenfolge aussähe, wenn Hannibal die Schlacht von Zama gewonnen hätte? Dann, so kam die Antwort, wäre nicht mehr Alexander der größte Feldherr aller Zeiten, sondern er selbst: Hannibal.

Neben seiner geschichtlichen Bedeutung als führender Kommandant Karthagos im Zweiten Punischen Krieg (218–201 v. Chr.), und damit als letztes bedeutendes Hindernis für Roms späteren Durchbruch zur antiken Supermacht, sind es Anekdoten wie diese, die den Reiz einer Beschäftigung mit Hannibal ausmachen. Von ihm (und über ihn) sind zahlreiche Episoden und Aussprüche überliefert, die mal in ihrer Prägnanz, mal in ihrem Witz und oft auch in ihrer Tragik berühren und berührten. Seine historischen Erfolge und sein letztliches Scheitern sprechen ohnehin für sich, sind teilweise geradezu ikonisch geworden und galten schon frühzeitig als derart gewaltig, dass sich Hannibal einen festen Platz im klassischen Bildungskanon sichern konnte.

Dass eine Beschäftigung mit ihm noch immer fasziniert, belegt eine Flut an modernen Biographien, die sich hinsichtlich ihres Gegenstandes zwar allesamt ähneln – natürlich geht es immer um Hannibal –, die aber nichtsdestoweniger eigene und durchaus auch unterschiedliche Schwerpunkte in der Annäherung an diesen Gegenstand setzen. Meist erscheint Hannibal vor allem als Kriegsherr, manchmal auch als Staatsmann; mal gilt er als unvergleichliches Genie, mal liegt der Fokus auf seinem selbst verschuldeten Scheitern; mal begegnet er als größter Feind Roms, mal wird er eher vor dem Hintergrund der Verhältnisse seiner eigenen Heimatstadt präsentiert. Diese Aufzählung ließe sich leicht fortsetzen, aber schon der erste schnelle Blick führt uns ein grundsätzliches methodisches Problem der Gattung historischer Biographien vor Augen, vor dem auch das vorliegende Buch steht: Hannibal ist offen für Zuschreibungen, die zwar nicht gänzlich beliebig sind, die sich aber doch zuvorderst daran orientieren, worauf der Betrachter oder die Betrachterin seinen oder ihren Schwerpunkt legen will. Das gilt für die antiken Quellenautoren nicht weniger als für die moderne Forschung. Spätere Betrachter (letztlich aber auch schon die Zeitgenossen) werfen also notwendigerweise einen externen Blick auf Hannibal und schreiben ihm, seinem Handeln und seinem Leben einen Sinn zu, der sich an ihrer eigenen Vorstellung orientiert. Inwieweit diese Sinnstiftung dann den ‹eigentlichen› Hannibal trifft, ist im Einzelfall niemals ausgemacht, zumindest muss man aber feststellen, dass historische Biographien im Bemühen um eine möglichst kohärente Erzählung die Vielschichtigkeit der betrachteten Personen reduzieren. Aus Sicht von Disziplinen abseits der Geschichtswissenschaft ließe sich das leicht kritisieren. In Philosophie oder Soziologie wird das Individuum als vielfach fragmentiertes Wesen aufgefasst, was die so häufig begegnende narrative Einheitlichkeit des Lebens in historischen Biographien fragwürdig erscheinen lässt.

Trotzdem lässt sich der Mechanismus kaum vermeiden, vor allem nicht für die Antike, für die ein fast durchgehender Mangel an Selbstzeugnissen hinzukommt, durch den mögliche Korrektive für die nachträglichen Sinnstiftungen fehlen. Das gilt auch für Hannibal. So viel auch *über* ihn geschrieben wurde, so wenig Spuren hat doch seine *eigene* Sicht hinterlassen. Das macht gerade die oft so plausibel erscheinenden biographischen Kausalitäten fraglich. Dafür ein Beispiel: Mitunter wird Hannibals Hass auf die Römer mit seinen Erfahrungen im Kindesalter erklärt, als er miterleben musste, wie die Römer den Karthagern im Anschluss an den Ersten Punischen Krieg erst Sizilien und dann Sardinien entrissen – auf diplomatisch wie moralisch fragwürdige Weise. Dieser Zusammenhang zwischen den Erfahrungen als Kind und dem Verhalten als Erwachsener scheint auf den ersten Blick zwar völlig überzeugend, lässt sich aber eben nicht belegen, zumal schon die Prämisse von Hannibals überbordendem Römerhass auf einer nachträglichen biographischen Deutung fußt.

Wenn nun aber alles, was wir über Hannibal zu wissen meinen, bereits einmal durch die Vermittlung (mindestens) eines späteren Autors gegangen ist, der zwischen uns und Hannibal tritt, ist letztlich niemals ein historischer Hannibal greifbar, sondern immer nur ein historiographischer. Greifbar sind in den Quellen Hannibal-Bilder, die zwar teilweise abbilden mögen, wie sich der Karthager selbst sah, die ihren Hannibal aber genauso gut losgelöst von seiner Selbstsicht (oder sogar von historischen Fakten) konstruieren können. Einer objektiven Dokumentation fühlen sich die antiken Quellen ohnehin nicht verpflichtet, zumal sie meist aus römischer Perspektive auf Hannibal blicken. Der Sieger schreibt die Geschichte. Und in dieser Geschichte spielte das Ringen mit Hannibal schon bald nach dem Ende des Zweiten Punischen Krieges eine wichtige Rolle. In gewisser Weise war sogar die Entstehung der römischen Historiographie an sich eine Reaktion auf Hannibal: Fabius Pictor (ca. 254–201 v. Chr.), der erste römische Historiker, war Teilnehmer am besagten Krieg. Die gewaltigen Anstrengungen, die Rom hatte unternehmen müssen, um die Bedrohung durch Karthago abzuwehren, hatten in der Bürgerschaft Roms das Bedürfnis geweckt, sich über den eigenen Platz in der Geschichte und über die gesellschaftlichen Grundlagen ihrer Selbstbehauptung zu vergewissern. Dieser Aufgabe hatte sich Fabius Pictor angenommen.

Pictors Werk ist verloren, genauso wie die meisten frühen römischen Geschichtswerke, sodass sich nichts ganz Genaues über die Darstellung Hannibals sagen lässt. Die lateinische Tradition wurde zu Beginn des ersten nachchristlichen Jahrhunderts aber von Titus Livius (59 v. Chr.–17 n. Chr.) gebündelt, der eine ausführliche Charakterisierung von Hannibal liefert. Der Karthager wird hier zwar für seine Fähigkeiten als General und Soldat gelobt, seinen Vorzügen werden aber beträchtliche Laster gegenübergestellt: «Unmenschliche Grausamkeit, eine mehr als punische Treulosigkeit. Nichts galt ihm Wahrheit, nichts war ihm heilig. Gottesfurcht kannte er nicht, ein Eid war ihm bedeutungslos, und er empfand keine religiöse Bindung» (Livius XXI 4,9). Was diese Vorwürfe über den eigentlichen Hannibal sagen, sei dahingestellt; sie sagen in erster Linie etwas über einen römisch gedeuteten Hannibal und weisen, quasi gespiegelt, darauf hin, wie die Römer sich selbst sahen. Im Gegensatz zu Hannibal waren sie tugendhaft, redlich und vor allem fromm. Das waren die Qualitäten, auf deren Grundlage sich Rom vom mittelitalischen Stadtstaat zum weltumspannenden *Imperium Romanum* aufgeschwungen hatte, das zu Livius' Zeit in voller Blüte stand und das Livius historisch zu fundieren suchte.

In einer solchen Perspektive, und mit dem Abstand von gut 200 Jahren, kam den Kriegen Roms gegen Karthago keine unmittelbare Aktualität mehr zu. Sie waren Etappen auf dem Weg zur letztlichen Reichsbildung (wichtige Etappen, daran bestand selbstverständlich kein Zweifel) sowie Ausweis der von Livius so hochgeschätzten römischen Qualitäten. Um eine generelle Invektive gegen Hannibal ging es Livius vor diesem Hintergrund kaum mehr, und so gelangt er, bei aller Kritik, zumindest partiell auch zu einer positiven Würdigung des karthagischen Feldherrn. In größerer Ereignisnähe mag das noch anders ausgesehen haben. Inzwischen war das karthagische Staatsgebiet aber längst zur römischen Provinz geworden, die Einwohner Nordafrikas längst zu Untertanen des Kaisers Augustus, der die im Zuge des Dritten Punischen Krieges (149–146 v. Chr.) zerstörte Stadt überdies im Jahr 29 v. Chr. neu gegründet hatte – als römische Stadt. Die Geschichte Karthagos war in die Geschichte Roms gemündet, und so verlor auch Hannibal nach und nach den einstigen Schrecken und konnte einigermaßen zwanglos als Teil eines römischen Erbes verstanden werden.

Nun liegt die Einseitigkeit der Überlieferung zu Hannibal aber nicht allein daran, dass nur die Sieger aktiv Geschicht(swerk)e geschrieben hätten. Entscheidender war, dass sie es waren, die mittelbar und unmittelbar auch darüber entschieden, welche möglicherweise abweichenden Geschichten Eingang in die Überlieferung finden konnten. Unmittelbar zum Verlust abweichender Perspektiven trugen die Römer im Hinblick auf die karthagische Literatur bei: Natürlich pflegte Karthago literarische Traditionen – alles andere hätte auch überrascht, immerhin galt als die wichtigste Kulturleistung der Phöniker (zu denen die Karthager gehörten; der lateinische Name ‹Punier› erinnert daran), die Alphabetschrift erfunden zu haben. Von der karthagischen Literatur hat sich jedoch so gut wie nichts erhalten, und das meiste geriet schon bald in Vergessenheit, nachdem Rom Karthago 146 v. Chr. zerstört hatte. Gerettet wurde lediglich ein landwirtschaftliches Nachschlagewerk des Agrarschriftstellers Mago, das im Auftrag des römischen Senats ins Lateinische übersetzt wurde; alle anderen Werke gingen entweder zusammen mit der Stadt in Flammen auf oder wurden den numidischen Verbündeten Roms übereignet. Von diesem Zeitpunkt an verliert sich ihre Spur.

Mittelbarer war die Verantwortung Roms für den Verlust einer ausgewogeneren Überlieferung im Fall von griechischsprachigen Autoren, die den Konflikt zwischen Rom und Karthago ebenfalls etwas anders sehen mochten als ihre römischen

Kollegen. Dass sich die Römer noch im Umfeld des Dritten Punischen Krieges um die Bewertung ihrer Karthago-Politik durch ausländische Beobachter sorgten (ein Exkurs beim griechischen Historiker Polybios legt das nahe), zeigt, dass in der griechischen Welt die Sympathien auch noch gut fünfzig Jahre nach dem Hannibalkrieg nicht klar verteilt waren. Erhalten haben sich kritische Stimmen aber kaum. Die Werke des Sosylos von Sparta und des Silenos von Kaleakte – beide gehörten dem direkten Umfeld Hannibals an – kennen wir beispielsweise allein dem Namen nach, sieht man von einem Fragment des Sosylos ab, das trotz seiner Kürze immerhin die prokarthagische Ausrichtung des Autors belegt (FGH 176 F 1). Auch ein Eumachos von Neapel oder der nicht näher bekannte Chaireas sind als Hannibal-Historiker lediglich bezeugt, nicht aber erhalten.

Statt der prokarthagischen Stimmen liegen uns die griechischen Historien des Polybios (ca. 200–120 v. Chr.) vor, die in zeitlicher Nähe zu den Ereignissen um Hannibal berichten und daher von nicht zu überschätzender Bedeutung sind. Leider sind auch sie nicht vollständig überliefert, die Ereignisse ab dem Jahr 216 v. Chr., nach der Schlacht von Cannae, liegen nur bruchstückhaft vor. Die heute verlorenen Teile des ursprünglich vierzig Bücher zählenden Werkes dienten aber ihrerseits als Quelle für spätere Autoren. Genauso nutzte Polybios selbst die verlorenen prokarthagischen Historiker noch als Quelle, wobei er ihre Werke aber teilweise scharf kritisierte. Diese Kritik gründet in erster Linie darin, dass Polybios, der ehemalige Reiteroberst (Hipparch) des Achäischen Bundes, sich den meisten anderen Historiographen ohnehin überlegen fühlte; sie deutet daneben aber an, dass Rom gegenüber kritische Positionen in den Machtverhältnissen einer immer stärker römisch dominierten Umwelt schon bald immer weniger anschlussfähig waren. Polybios dagegen, der 167 v. Chr. als politischer Häftling nach Rom deportiert worden war, trug den Machtverhältnissen Rechnung, indem er sich für sein Werk das Ziel setzte, den rasanten Aufstieg Roms zur dominierenden Macht im Mittelmeerraum zu erklären, der mit dem Hannibalkrieg begonnen hätte. Dieses Darstellungsziel brachte es mit sich, dass Polybios der römischen Seite gewisse Sympathien entgegenbrachte. Geradezu angetan zeigte er sich beispielsweise von der wohlbalancierten römischen Verfassung, die in seinen Augen ein maßgebliches Unterpfand römischer Größe darstellte. Zu seiner proömischen Neigung trugen auch freundschaftliche Verbindungen zur Familie der Scipionen bei, die wiederum ein ganz eigenes Interesse an der Erinnerung an die römischen (und die scipionischen) Großtaten im Hannibalkrieg hatte.

Kommen wir nach diesen quellenkritischen Bemerkungen zurück zum Treffen zwischen Hannibal und Scipio sowie zur Frage nach dem größten Feldherrn aller Zeiten. Die Szene, die in der eingangs skizzierten Form von Livius überliefert wird (Livius XXXV 14,5–11), ist ein gutes Beispiel für die nachträgliche Überformung Hannibals im Sinne römischer Sinnstiftungen, die zur Konsequenz hat, dass wir gut daran tun, unsere Quellen nicht unhinterfragt beim Wort zu nehmen. Das Treffen soll 193 v. Chr. stattgefunden haben: Rom hatte eine Legation zum Seleukidenkönig Antiochos III. gesandt, an dessen Hof sich auch Hannibal aufhielt. Der Gesandtschaft gehörten drei ehemalige Konsuln an, Publius Sulpicius Galba, Publius Aelius Paetus und Publius Villius Tappulus. Ob diese drei Männer wirklich von Scipio begleitet wurden, ist fraglich. Zum einen wäre eine solche Vierergesandtschaft untypisch, setzte Roms Diplomatie doch regelmäßig auf eine Dreizahl von Legaten (mitunter begegnen auch fünf, in manchen Fällen zehn Gesandte, niemals aber vier). Zum anderen berichtet Livius selbst, dass Scipio im gleichen Jahr als Gesandter nach Karthago gegangen war, was eine zusätzliche Betrauung mit einer Legation nach Kleinasien fast *a priori* ausschließt. Wenn Hannibals Einlassungen über den größten Feldherrn aller Zeiten also überhaupt historisch sind, so wurden sie wohl gegenüber Galba, Paetus oder Tappulus geäußert, nicht aber in einem Gespräch mit Scipio.

Sogar Livius hegt Zweifel an Scipios Beteiligung. Dass er die Quelle für das angebliche Treffen ausdrücklich benennt (nämlich den frühen römischen Historiker Acilius), legt eine gewisse Distanzierung nahe. Trotzdem war Livius nicht mit letzter

Konsequenz bereit, die Sache richtigzustellen, denn dafür war das literarische Motiv des Aufeinandertreffens der beiden einstigen Gegner schlicht zu eingängig. Tatsächlich war es kein Zufall, dass Teile der Überlieferung ausgerechnet Scipio zum Gesprächspartner von Hannibal machten: Die Lebenswege der beiden Generäle schienen schicksalshaft verbunden. Nicht allein, dass sie sich in Zama gegenübergestanden hatten; beide waren durch ihre Taten derart mächtig geworden, dass sie in ihren Heimatstädten nicht mehr ohne Weiteres ins Kollektiv ihrer adligen Standesgenossen zu integrieren waren; zu guter Letzt starben sie auch noch mehr oder weniger gleichzeitig, beide fern der Heimat. Es lag für die Römer also nahe, bei einer Betrachtung Hannibals die Kontrastfolie seines Antagonisten Scipio mitzudenken und dementsprechend auch mit zu präsentieren.

Der Zweck der Episode im Werk des Livius war aber ohnehin nicht eine streng historische Dokumentation vergangenen Geschehens, sondern die Selbstvergewisserung über die römische Identität. Gerade der Debatte um den größten Feldherrn kam in dieser Perspektive Relevanz zu. Livius widmet sich im neunten Buch seines Werkes ausführlich der kontrafaktischen Überlegung, wie ein Aufeinandertreffen Roms mit Alexander (356–323 v. Chr.) ausgegangen wäre, dem von Hannibal zum größten Feldherrn aller Zeiten erhobenen Welteroberer. Der Historiker zeigt sich davon überzeugt, dass es der Römischen Republik und ihren Generälen gelungen wäre, den Siegeszug des großen Makedonenkönigs zu stoppen. Nur leider war es niemals zur Probe aufs Exempel gekommen, weil Alexander früh gestorben war und sich daher niemals der Eroberung des westlichen Mittelmeerraumes hatte widmen können (sofern er das denn jemals geplant hatte). Daraus ergab sich eine Lücke im römischen Palmarès, die Livius und seine Zeitgenossen der frühen Kaiserzeit offenbar störte. Rom hatte mittlerweile immerhin selbst ein Weltreich begründet, das den Vergleich mit dem Alexanderreich nicht zu scheuen brauchte, das aber leider niemals die Gelegenheit zum faktischen Vergleich mit Alexander bekommen hatte.

Auch den zweitgrößten Feldherrn hatten die Römer übrigens nicht im eigentlichen Sinne besiegt: Der Krieg gegen König Pyrrhos (ca. 319–272 v. Chr.), der 280 v. Chr. in Italien eingefallen war, war nicht bis zum bitteren Ende ausgefochten worden. Stattdessen war Roms Gegner, von einer Reihe sprichwörtlicher ‹Pyrrhossiege› erschöpft, einfach aus Italien abgezogen. Damit blieb nur der laut Hannibal drittgrößte Feldherr übrig, nämlich Hannibal selbst. Diesen hatten die Römer tatsächlich besiegt, und indem Livius Hannibal behaupten lässt, dass er ohne die Niederlage von Zama Alexander von der Spitzenposition verdrängt hätte, konnte dieser Sieg indirekt die Scharte der fehlenden römischen Alexanderschlacht auswetzen: Letztlich hatte Rom den größten Feldherrn aller Zeiten eben sehr wohl besiegt, nur damit dafür gesorgt, dass dieser nicht mehr als solcher gelten konnte. Mit dieser Hannibal zugeschriebenen Spitzfindigkeit ließ sich übrigens auch vermeiden, dass die römischen Historiker Scipio Africanus ausdrücklich auf die fragliche Liste setzen mussten. Zur Zeit der Republik, als Rom noch von einer kollektiven Aristokratie regiert wurde, wäre ein solch individuelles Hervorheben eines einzelnen Römers ebenso wenig opportun gewesen wie in der beginnenden Kaiserzeit, in der es zur indirekten Schmälerung der Leistungen des Augustus beigetragen hätte.

Das Gespräch zwischen Hannibal und Scipio, das wahrscheinlich niemals stattgefunden hat, sagt uns also mehr über die Römer als über Hannibal. Und selbst wenn Hannibals Worte gefallen sein sollten (wenn auch nicht gegenüber Scipio), bekamen sie in der Rezeption der beginnenden römischen Kaiserzeit einen weitergehenden Sinn, als sie 193 v. Chr. ursprünglich gehabt hatten. Diesen Beispielfall sollten wir im Hinterkopf behalten, denn natürlich wollen wir auf den folgenden Seiten nicht auf die Anekdoten, Legenden und Aussprüche verzichten, die sich um Hannibal ranken, immerhin machen diese einen Gutteil vom Reiz der Beschäftigung mit ihm aus. Gleichzeitig dürfen sie aber nicht als dokumentarische Ausdrücke seiner historischen Person verstanden werden, weil sie das in der nachträglichen Bearbeitung (manchmal sogar: Erfindung) der Quellen nicht sind, nicht sein können und auch nie sein wollten. Das vorliegende Büchlein erhebt daher nicht den Anspruch, ein in irgendeiner Weise objektives Lebensbild des Karthagers zeichnen zu können. Stattdessen möchte es einen Blick darauf wagen, inwiefern sich historischer und historiographischer Hannibal wechselseitig bedingen – und wie die Quellen einen der größten Helden der Antike nicht allein beschreiben und präsentieren, sondern in gewisser Weise überhaupt erst erschaffen.

II. Elissa und Aeneas: Karthagos Auf- und Abstieg

Die Frau, die Ende des neunten vorchristlichen Jahrhunderts Karthago gegründet haben soll, hieß Elissa. Sie war die Tochter des Königs von Tyros, einer reichen phönikischen Stadt an der Levanteküste. Als die Prinzessin mit ihrem Bruder Pygmalion in Konflikt geriet, der ihren Gatten tötete, sah sie sich zur Flucht aus der Heimat gezwungen. Über die Zwischenstation Zypern gelangte sie mit ihren Begleitern an die Küste Nordafrikas, in den Golf von Tunis, wo sie für ihre Reisegesellschaft einen Ruheplatz erwarb: Man gestand ihr zu, so viel vom Land zu nehmen, wie mit einer Kuhhaut zu umfassen war. Elissa zerteilte daraufhin ein Kuhfell in zahlreiche dünne Streifen, wodurch es ihr gelang, das vergleichsweise große Gebiet um einen küstennahen Hügel abzuteilen. Das war die Keimzelle von *Qart Hadasht*, von ‹Karthago›, was auf phönikisch nichts anderes hieß als ‹Neue Stadt›. Elissa und ihre Begleiter beschlossen, in Afrika zu bleiben, und die neue Stadt florierte nun derart schnell, dass Hiarbas, der König eines benachbarten Stammes, aufmerksam wurde und Elissa zwingen wollte, mit ihm die Ehe einzugehen. Die phönikische Prinzessin weigerte sich jedoch und entzog sich den Nachstellungen ihres verhinderten Freiers dadurch, dass sie sich auf einem riesigen Scheiterhaufen selbst verbrannte.

Gründungsmythen wie dieser waren für antike Gesellschaften von kaum zu überschätzender Bedeutung, transportierten sie doch wichtiges Orientierungswissen. Ein Gemeinwesen vergewisserte sich über solche Geschichten der eigenen Identität und der eigenen Position in der Welt, und der Blick auf fremde Legenden half, die Umwelt zu verstehen und zu strukturieren. Durch die Codierung eigener Ursprünge in mythische Geschichten wusste man, wer man war – und andere wussten, mit wem sie es zu tun hatten. Angesichts dieser Orientierungsfunktion nach innen wie nach außen überrascht es nicht, dass die Elissa-Legende auch in der römischen Überlieferung begegnet. Die gerade skizzierte Form entstammt einem Auszug, den der Historiker Iustin im 2. oder 3. Jahrhundert n. Chr. von einem älteren Werk des Pompeius Trogus anfertigte, eines Zeitgenossen des Livius. In Grundzügen findet sich die Legende aber schon in Zeiten, in denen Karthago noch als punische Stadt existierte, beispielsweise beim Griechen Timaios von Tauromenion an der Wende vom 4. zum 3. Jahrhundert v. Chr. Tatsächlich machen einige Aspekte der Geschichte vor allem aus einer externen Perspektive Sinn. So hieß der Hügel, den Elissa mit der Kuhhaut abgrenzte und der später den Burgberg Karthagos bildete, ‹Byrsa›, was das griechische Wort für ein Rinderfell war. Die Idee zur Zerteilung der Kuhhaut wiederum passt gut zum weitverbreiteten Vorurteil karthagischer Verschlagenheit, das schon Homer kannte, der in seiner Odyssee die Phöniker als geradezu gewohnheitsmäßige Betrüger bezeichnete; die Charakterisierung Hannibals bei Livius (S. 10) bediente diesen Gemeinplatz ebenfalls. Dem Elissa-Mythos wohnte also eine Warnung inne: Man war besser vorsichtig, wenn man mit Karthagern Geschäfte machte.

Gleichzeitig bietet die Geschichte auch Versatzstücke, die auf die Karthager selbst zurückgehen müssen, also im tiefsten Kern Erinnerungen an die Frühzeit der Stadt bewahren: Elissa ist ohne Zweifel ein phönikischer Name, und Karthago war wirklich von Tyros aus gegründet worden. Noch Jahrhunderte später schickte die Kolonie regelmäßig Weihegaben zum Heiligtum des Gottes Melqart in die Mutterstadt. Der angegebene Grund für den Auszug, ein Streit innerhalb der Führungsschicht von Tyros, ist ebenfalls grundsätzlich plausibel. Vergleichbare Aussiedlungsprojekte waren regelmäßig Folge innerer Spannungen oder von Überbevölkerung (oder von beidem). Zu guter Letzt bezeugt der Elissa-Mythos in der Figur des Hiarbas ein von Beginn an spannungsvolles Verhältnis der Karthager zur Vorbevölkerung in Nordafrika, die recht bald in Abhängigkeit von der neuen Stadt geriet. Die Lage der Kolonie war nämlich geradezu ideal: Karthago lag auf einer Halbinsel und war entsprechend gut zu verteidigen; im Golf von Tunis, in geschützter Lage, kontrollierte es die Straße von Sizilien und den Übergang vom westlichen zum östlichen Mittelmeer; aus dem Hinterland gelangten Karawanenwege an die Küste und machten Karthago zum Umschlagplatz für unterschiedlichste Waren.

Damit hatte die Stadt Anteil an den dichten Handelsnetzwerken phönikischer Städte und Kolonien im gesamten Mittelmeerraum und trieb daneben auch mit Griechen, Etruskern und Stämmen auf der Iberischen Halbinsel Handel. Im 6. Jahrhundert erkundete der karthagische Entdecker Himilkon auf der Suche nach Zinnvorkommen sogar die Atlantikküste Iberiens und gelangte dabei bis nach Britannien. Etwas später segelte Hanno, genannt ‹der Seefahrer›, mit einer Flotte die westafrikanische Küste bis zum Golf von Guinea hinab und brachte von dort die Häute von drei *górillai* mit in die Heimat, die man bis zur Zerstörung von Karthago im Tempel der Tanit aufbewahrte. Hannos Reisebericht, als Inschrift im Tempel angebracht, bald aber auch in griechischer Übersetzung kursierend, kündete von der Größe Karthagos.

Mit dem ökonomischen Aufstieg einher ging eine politische Bedeutungssteigerung, die sich daraus ergab, dass Karthago, gestützt auf eine starke Flotte, zur Schutzmacht anderer phönikischer Städte im westlichen Mittelmeerraum wurde, insbesondere nachdem die eigentlichen Mutterstädte an der Levanteküste im 6. Jahrhundert unter dem Druck der Babylonier an Einfluss verloren. Zwar war die ökonomische Potenz also ein bedeutender Faktor für die Ausdehnung des karthagischen Einflussgebietes, jedoch war Karthago niemals lediglich eine Handelsmacht. Teile ihres Reiches hatte sich die Stadt zwar auf wirtschaftlichen und diplomatischen Wegen erschlossen, andere Teile hatte sie aber schlicht erobert, wie zum Beispiel Sardinien, das schon Mitte des 6. Jahrhunderts besetzt worden war und Karthago fortan als Kornkammer diente. Zwar waren die Karthager selbst ausgezeichnete Bauern, die ihr Hinterland in eine der fruchtbarsten Regionen der antiken Welt verwandelten (der Ruhm des karthagischen Agronomen Mago reichte bis nach Rom), die Versorgung der ständig wachsenden Bevölkerung der prosperierenden Stadt verlangte aber offenbar frühzeitig nach zusätzlichen Ressourcen.

Aus geographischen Gründen fokussierte sich Karthago bald vor allem auf das westliche Sizilien, das quasi unmittelbar vor der Haustür der Stadt lag und wo es eine ganze Reihe phönikischer Städte gab. Dort geriet Karthago ab dem 5. Jahrhundert wiederholt in Konflikt mit den ebenfalls auf der Insel siedelnden Griechen. Gerade die machtbewussten Herrscher der ostsizilischen Stadt Syrakus nutzten dabei das Motiv eines Kampfes gegen die phönikischen ‹Barbaren› wiederholt dafür, die Griechen der Insel unter ihrer Führung zu einen, ohne dass sich die Konflikte zwischen Phönikern und Griechen aber jemals gänzlich streng an ethnischen Frontstellungen orientiert hätten. So eroberte Karthago 409 v. Chr. die griechische Stadt Selinunt, nachdem diese eine andere griechische Stadt bedrängt hatte, nämlich das mit Karthago verbündete Segesta. In der Folge errichtete Karthago dann eine regelrechte Herrschaft über Westsizilien, das fortan von einem Militärgouverneur verwaltet wurde. Der latente Gegensatz zu Syrakus blieb bestehen.

Und Rom? Nun, die Stadt am Tiber spielte für Karthago lange eine untergeordnete Rolle. Die Interessenssphären der beiden Städte unterschieden sich, und hinsichtlich der militärischen und der wirtschaftlichen Potenz konnte Rom der afrikanischen Stadt nicht das Wasser reichen. Eine bekannte Variante des Elissa-Mythos erweist sich vor diesem Hintergrund als spätere römische Erfindung: Der kurz vor der Zeitenwende wirkende Dichter Vergil (70–19 v. Chr.) verband die Geschichte um Elissa (die bei ihm «Dido» heißt) mit dem römischen Gründungsmythos um Aeneas. Diesen hätte es auf der Flucht aus Troja an die nordafrikanische Küste verschlagen, wo er freundliche Aufnahme bei Dido fand. Schon bald verliebten sich die beiden, doch statt einfach bei seiner Geliebten zu bleiben, besann sich Aeneas auf seine ihm von den Göttern auferlegte historische Bestimmung und verließ Afrika in Richtung Italien, wo sein Sohn Alba Longa gründen sollte, aus dem später Rom hervorging. Die Trauer und Empörung über die Abreise des Aeneas (in der Version des Vergil also nicht die Nachstellungen des

Hiarbas) führten daraufhin zum dramatischen Selbstmord der Dido, nicht ohne dass diese zuvor noch einen künftigen Rächer ihres Schicksals beschworen hätte.

Die Agenda dieser römischen Umarbeitung der karthagischen Gründungslegende ist leicht ersichtlich: Vergil, der längst von den drei Kriegen zwischen Karthago und Rom wusste, verlegte diesen so schicksalhaften historischen Konflikt der beiden Städte in eine mythische Vorzeit, konstruierte eine römisch-karthagische Erbfeindschaft und begründete die Punischen Kriege mit Didos Racheschwur. In dem von ihr beschworenen Rächer ließ sich ohne größere Mühe Hannibal erkennen. Damit lag aber die Verantwortung für die Kriege, die schlussendlich in der Zerstörung Karthagos gegipfelt waren, ganz auf Seiten Karthagos, bei allem menschlichen Verständnis für Didos Zorn. Diese Schuldfrage hatte alle drei Kriege zwischen Rom und Karthago begleitet, und bei Vergil findet sich darauf ein später Reflex. Möglicherweise diente ihm die in Dido und Aeneas personifizierte mythische Verbindung von Karthago und Rom darüber hinaus als Kommentar zur Neugründung Karthagos unter römischer Ägide durch Kaiser Augustus.

Über die faktische Entwicklung der Beziehung zwischen Karthago und Rom sagt uns Vergil also nichts. Es war anfangs nicht ausgemacht, dass Rom zur Nemesis Karthagos oder Karthago zu derjenigen Roms werden sollte. Ganz im Gegenteil: Ursprünglich hatten beide Seiten entspannte Beziehungen gepflegt und diese auch mehrfach vertraglich bekräftigt. Drei Verträge kennen wir sogar im Wortlaut (wenn auch in griechischer Übersetzung), weil Polybios sich in Rom die inschriftlich dokumentierten Verträge vorlegen ließ. Diese sollen teilweise ein derart antiquiertes Latein verwendet haben, dass sie sogar von Polybios' römischen Freunden kaum noch zu verstehen waren, was in der Tat für ihr Alter und ihre Authentizität bürgen dürfte. Die älteren Verträge, von 508/507 und 348 v. Chr., regelten den Handel römischer Kaufleute auf karthagischen Märkten und regulierten Übergriffe karthagischer Seeräuber und Kaperfahrer auf römische (bzw. von Rom beanspruchte) Territorien. In einem dritten Vertrag vereinbarten Rom und

Karthago 279/278 v. Chr. angesichts der Invasion Italiens durch Pyrrhos von Epiros, dass beide Parteien keinen Separatfrieden mit dem hellenistischen Abenteurer schließen sollten. Karthago fürchtete, dass Pyrrhos sich nach einer Verständigung mit Rom gegen Sizilien richten könnte, ohne sich weiter um Italien sorgen zu müssen. Um dem vorzubeugen, stellte man den Römern logistische Unterstützung für den Krieg in Italien in Aussicht. Die Römer ließen sich tatsächlich auf keine Verständigung mit dem Epirotenkönig ein, auch nicht, als der nach einigen Pyrrhossiegen in Italien schließlich tatsächlich nach Sizilien zog.

Rom nutzte die Abwesenheit des Invasors, um nahezu alle griechischen Städte in Süditalien zu besetzen und Pyrrhos damit letztlich zum Rückzug zu zwingen, erst von Sizilien, dann aus Italien. Die Kooperation zwischen Karthago und Rom hatte sich für beide Seiten als nützlich erwiesen. Nichts deutete auf Konflikte zwischen den Städten hin. Trotzdem kam es nur knapp fünfzehn Jahre nach dem Pyrrhosvertrag zum Krieg zwischen Karthago und Rom. Auslöser war ein Hilfsgesuch der sogenannten ‹Mamertiner› an Rom. Die Mamertiner waren Söldner aus dem süditalischen Kampanien, die 288 v. Chr. die Bewohner der Stadt Messana im Nordosten von Sizilien vertrieben und sich selbst dort festgesetzt hatten, nur wenige Kilometer von der italischen Gegenküste entfernt. Schnell waren sie in Konflikt mit dem nahen Syrakus geraten und hatten sich in ihrer Bedrängnis Anfang der 260er Jahre wohl zunächst um Hilfe an Karthago gewandt, den traditionellen Gegner von Syrakus. Die Karthager legten daraufhin eine Besatzung in die Stadt, die sie auch nach der Abwehr der unmittelbaren Gefahr nicht wieder abzogen. Dagegen wandten sich die Mamertiner 264 v. Chr. dann an Rom, woraufhin der römische Konsul Appius Claudius Caudex eine Armee heranführte und die karthagische Besatzung zum Abzug zwang.

Zur Bewertung dieser vorgeblichen römischen Aggression ist ein weiterer karthagisch-römischer Vertrag von Bedeutung, der zwar nicht zu den drei ‹polybianischen› Verträgen gehört, der aber, laut Polybios, vom griechischen Historiker Philinos erwähnt wurde, der freilich aus prokarthagischer Perspektive geschrieben hatte. Laut Philinos hätten sich Karthager und Römer in der Zeit zwischen dem zweiten und dem dritten ‹polybianischen› Vertrag darauf geeinigt, ganz Sizilien als karthagischen und ganz Italien als römischen Herrschaftsbereich anzuerkennen (Polybios III 26,2–5). Diesen Vertrag, der mit einer Angabe aus Livius meist auf 306 v. Chr. datiert wird, hält Polybios zwar für unhistorisch, seine Argumente dafür wiegen allerdings alles andere als schwer. Zum Ersten moniert Polybios, dass er in den römischen Archiven keinen Hinweis auf den ‹Philinos-Vertrag› gefunden hätte, zum Zweiten kritisiert er, dass der referierte Vertragsinhalt dem prokarthagischen Philinos nur allzu gut ins Konzept gepasst hätte. Denn hätten sich die Römer verpflichtet, Sizilien als Machtbereich Karthagos anzuerkennen, so hätten sie mit ihrer Hilfe für die Mamertiner einseitig die Schuld am Ausbruch des ersten karthagisch-römischen Krieges auf sich geladen.

Nun lässt sich der erste Einwand, die fehlende Bezeugung des Vertrages in den römischen Archiven, problemlos aus dem zweiten erklären: Wenn Rom 264 v. Chr. einem Vertrag zuwidergehandelt hatte, lag es nahe, diesen Vertrag verschwinden zu lassen. Dass man davon gut einhundert Jahre später nichts mehr wusste (wenn man es Polybios gegenüber denn überhaupt zugegeben hätte), war vor dem Hintergrund, dass die römische Geschichtsschreibung erst sechzig Jahre nach dem Ausbruch des Ersten Punischen Krieges eingesetzt hatte, auch nicht *a priori* unglaubwürdig. Schwerer wiegt daher ein inhaltlicher Vorbehalt gegen die Historizität des Philinosvertrags: Wiederholt ist festgestellt worden, dass ein Vertrag, der *ganz* Sizilien Karthago und *ganz* Italien Rom zugesprochen haben soll, gar nicht in die historische Situation des Jahres 306 v. Chr. passen würde. Karthago herrschte ohnehin niemals über ganz Sizilien, und Rom griff erst einige Jahre später, im Zuge des Pyrrhoskriegs, nach Süditalien aus.

Dieser Einwand ist jedoch zu spitzfindig, weil denkbar ist, dass der Philinosvertrag überhaupt keine faktisch beherrschten Gebiete benannte, sondern lediglich die beiderseitigen Expansionsräume voneinander abgrenzte, also Interessenssphären festschrieb, in denen sich die jeweils andere Macht gefälligst nicht zu engagieren hatte. In dieser Perspektive brauchte es nicht einmal eine bereits etablierte Herrschaft Karthagos über Ostsizilien, um festzustellen, dass den Römern 264 v. Chr. klar gewesen sein muss, dass ihr Eingreifen in Messana zum Konflikt mit Karthago führen würde, zumal das Hilfsgesuch der Mamertiner mutmaßlich zum Gegenstand hatte, eine längst in der Stadt befindliche karthagische Besatzung zu vertreiben. Dieser Umstand scheint auch in Rom erkannt worden zu sein. Polybios jedenfalls berichtet von Stimmen im römischen Senat, die dem sizilischen Abenteuer kritisch gegenübergestanden hätten, lässt die entsprechende Senatsdebatte dabei aber um eine eher nebensächliche Frage kreisen: Nur wenige Jahre zuvor hatten die Römer eine den Mamertinern nicht unähnliche Truppe aus dem Ruder gelaufener Söldner aus dem kalabrischen Rhegion vertrieben. Wäre es daher nicht inkonsistent, jetzt ausgerechnet die Mamertiner zu unterstützen, die sich ebenfalls gewaltsam einer fremden Stadt bemächtigt hatten? Diese moralische Frage wirkt aber wie ein Platzhalter für die eigentliche Debatte, nämlich, ob man bereit für einen Krieg gegen Karthago war. Polybios hat sie mutmaßlich dem Werk des Fabius Pictor entnommen, der als Römer guten Grund hatte, das römische Wissen um die Provokation von 264 v. Chr. bestmöglich zu verschleiern – und damit eigentlich nicht glaubwürdiger sein konnte als der prokarthagische Philinos.

Zusammenfassend wird man festhalten müssen, dass die Römer ihren ersten Krieg gegen Karthago zumindest billigend in Kauf nahmen. Ob sie damit einem Angriff Karthagos auf Italien nur zuvorgekommen waren, wie mitunter ins Feld geführt wird, ist fraglich. Diese Präventivkriegthese krankt daran, dass Karthago entsprechende Ambitionen niemals erkennen ließ. Die karthagische Besatzung in Messana richtete sich in erster Linie gegen Syrakus; und der nun folgende Krieg zeigte, dass Karthago mitnichten einen Plan für eine Italien-Invasion in der Tasche hatte. Rom hingegen hatte zeit seiner Geschichte expandiert und sich mittlerweile ganz Italien Untertan gemacht. Diese Expansion konnte vor Sizilien nicht haltmachen, gründete sie doch nicht zuletzt in einer geradezu strukturellen Aggressivität des römischen Staates: Zum einen war es in Rom gängige Praxis, soziale Spannungen durch Kriegsgewinne abzufedern, zum anderen standen Roms Adlige in einem scharfen Wettbewerb um Großtaten für das Gemeinwesen, und die gewichtigsten dieser Großtaten waren nun einmal militärischer Natur.

Der Verlauf des ersten karthagisch-römischen Krieges sei nur kurz skizziert: Angesichts der Vorkommnisse in Messana hatte sich Karthago zunächst mit Hieron II. von Syrakus verbündet, der aber schon im zweiten Kriegsjahr auf die römische Seite gezogen wurde und bis zu seinem Tod im Hannibalkrieg ein treuer Verbündeter Roms bleiben sollte. Auf diese Weise setzten sich die Römer auf Sizilien fest, ohne aber gleichzeitig die Karthager von der Insel vertreiben zu können. Diese konnten etliche ihrer Seefestungen halten, die sich über das Meer versorgen ließen. Solange Rom nicht entweder Karthagos Seeherrschaft brach oder aber den Krieg nach Afrika trug, würde sich die Waagschale nicht entscheidend senken. Beiden Aufgaben stellten sich die Römer im Laufe des Krieges, allerdings endete ihre Invasion in Nordafrika 255 v. Chr. mit der Vernichtung der Invasionsarmee; und die seit Beginn des Krieges machtvoll aufgerüstete römische Flotte, die kurze Zeit tatsächlich die Oberhand über die karthagische Armada zu gewinnen schien, ging im gleichen Jahr in der Straße von Sizilien in einem heftigen Unwetter unter. Auf der anderen Seite mangelte es Karthago an Möglichkeiten, den Krieg konsequent nach Italien zu tragen und damit seinerseits Rom zum Rückzug von Sizilien zu zwingen.

Der erste karthagisch-römische Krieg wogte damit 24 Jahre hin und her. Mal heftiger, mal mit Ruhephasen, erschöpfte er beide Parteien aufs Äußerste. Am Ende war es Karthago, das sich nach einer verheerenden Niederlage seiner Flotte in der Schlacht bei den Ägatischen Inseln 241 v. Chr. zur Kapitulation veranlasst sah. Aber auch Rom war bis an seine Grenzen gegangen. Die Flotte von 241 hatte man nur noch über eine Staatsanleihe finanzieren können, als reiche Kaufleute die Schiffe auf eigenes Risiko und mit Aussicht auf Teilhabe an etwaiger Beute bauten. Zu einem ähnlichen Kraftakt war Karthago nicht mehr in der Lage – oder nicht mehr bereit. Offenbar hatte sich die Einsicht durchgesetzt, dass die Aufgabe von Sizilien leichter wog als noch weitere Anstrengungen im bereits seit einer Generation andauernden Krieg. Dem Kriegsgegner hatte es dagegen an klaren Konzeptionen gemangelt, die für derartige Abwägungen überhaupt die Voraussetzung hätten bilden können. Die Strategie Roms erschöpfte sich von vornherein in einer Abfolge spontaner Beutezüge einzelner Aristokraten, die zunächst einmal auf nicht viel mehr zielten als auf individuellen Ruhm und Gewinn. Ein solches Vorgehen gab das Angebot eines Friedens ohne klaren Sieg kaum her, allein deshalb, weil unter den römischen Senatoren immer schon die nächsten potentiellen Generäle mit den Hufen scharrten, um ihren Teil des Kuchens abzubekommen.

Dessen ungeachtet waren die Folgen der Niederlage für Karthago schmerzhaft. Der Vertrag, der bei der Kapitulation ausgehandelt wurde und der nach dem federführenden römischen Konsul Gaius Lutatius Catulus als ‹Lutatius-Vertrag› bezeichnet wird, sah nicht nur vor, dass Karthago Sizilien zu räumen hatte, sondern darüber hinaus in einer Frist von zwanzig Jahren Reparationen in Höhe von 2200 Talenten Silber leisten musste. Diese ohnehin schon harten Bedingungen wurden wenig später noch verschärft: Rom verkürzte das Zahlungsziel auf zehn Jahre und bürdete den Karthagern noch eine Sofortzahlung von 1000 Talenten auf. Die Karthager, die ihre Stellungen auf Sizilien bereits geräumt hatten, mussten dieser einseitigen Verschärfung wohl oder übel zustimmen, wodurch es nun aber an Geld fehlte, um die Söldner zu bezahlen, die im Krieg auf ihrer Seite gekämpft hatten. Bei ihrer Demobilisierung kam es daher zum Streit über ausstehende Zahlungen, der in einem Aufstand mündete, dem sich auch etliche der karthagischen Untertanen in Nordafrika anschlossen.

Für Karthago stand in diesem ‹Söldnerkrieg›, der bis 238/237 v. Chr. dauerte, nicht mehr, wie zuvor, bloß die Herrschaft über ein Überseegebiet auf dem Spiel, sondern plötzlich die Existenz der Stadt an sich. Rom verhielt sich dabei abwartend neutral. Sogar als der Krieg von Afrika auf das noch zu Karthago gehörige Sardinien schwappte, wo lokale Söldnereinheiten in den Aufstand traten, die karthagischen Truppen vertrieben und Rom um Unterstützung baten, griffen die Römer nicht zu. Mutmaßlich hielten sie die Wahrscheinlichkeit, dass sich die Karthager in Afrika würden behaupten können, für gering und spekulierten darauf, dass ihnen die Reste des karthagischen Gebietes letztlich ohnehin in den Schoß fallen würden. Erst als es den Karthagern unter Aufbietung aller Reserven gelang, den Krieg in Nordafrika siegreich zu beenden, wurde Rom aktiv. Es erklärte den Karthagern, dass es deren Pläne zur Rückeroberung Sardiniens als feindlichen Akt werten würde, bot im gleichen Zug aber an, gegen die Abtretung der Insel und die Zahlung von weiteren 1200 Talenten Silber auf einen Krieg zu verzichten. Einen neuerlichen Waffengang gegen Rom traute sich Karthago nicht zu, und so verlor es nach Sizilien auch noch Sardinien.

Gleich mehrfach hatten die Römer sich innerhalb weniger Jahre durch diejenige Charaktereigenschaft ausgezeichnet, die sie selbst eigentlich immer den Puniern zuschrieben: Hinterlist. Vielleicht (das hängt davon ab, ob man den Philinosvertrag für historisch hält) waren sie bei Ausbruch des Krieges vertragsbrüchig geworden; ganz sicher hatten sie bei der nachträglichen Verschärfung des Lutatiusvertrags Foul gespielt; bei der Annexion Sardiniens agierten sie dann geradezu zynisch. Wenn dieses Verhalten bei den Karthagern nicht gut ankam, sollte das niemanden überraschen. Ob bei Elissas Söhnen aber unmittelbar der Plan reifte, sich an den Söhnen des Aeneas lieber früher als später zu rächen, sei dahingestellt. Dass bereits knapp zwanzig Jahre später tatsächlich ein neuer Krieg zwischen Rom und Karthago ausbrach, heißt jedenfalls nicht, dass dieser von vornherein geplant war.

III. Hannibals Eid: Revancheplan der Barkiden?

Im Jahr 237 v. Chr., wenige Jahre nach Karthagos Niederlage im Krieg gegen Rom, unmittelbar nach dem siegreichen Kampf gegen die Söldner und die nordafrikanischen Untertanen, nach dem Verlust von Sizilien und Sardinien, stand ein karthagisches Heer bereit, um sich nach Iberien einzuschiffen. Zum Auftakt dieser Expedition habe der Feldherr Hamilkar, mit dem Beinamen Barkas (‹Blitz›), im Heiligtum des Baal Hammon ein Opfer dargebracht, mit dem er um göttlichen Beistand für sein Unternehmen bat. Sein ältester Sohn, der neun Jahre alte Hannibal, war ebenfalls anwesend. Diesen habe Hamilkar nach dem Vollzug des Opfers gefragt, ob er ihn nach Iberien begleiten wolle, was Hannibal freudig bejahte. Daraufhin führte Hamilkar ihn an den Altar und Hannibal schwor feierlich, den Römern niemals ein Freund sein zu wollen. So berichtet Polybios die berühmte Szene, die den angeblichen Ausgangspunkt für Hannibals erbitterte Feindschaft gegenüber Rom bildete (Polybios III 11,5–7).

Als Gewährsmann erscheint dabei Hannibal selbst, der die Geschichte über vierzig Jahre später König Antiochos III. erzählt haben soll, zu dessen Beraterstab er Zugang erstrebte. Dass Hannibal selbst als Zeuge für seinen Schwur zum Römerhass auftritt, erweist die Episode aber nur vermeintlich als historisch: Zum einen begegnet der Karthager in dieser Erzählung, Jahrzehnte nach dem angeblichen Eid, als sein eigener Biograph. In der Zwischenzeit hatte er sich große Verdienste für das Wiedererstarken Karthagos nach dem Verlust von Sizilien und Sardinien an Rom erworben, hatte 16 Jahre lang Krieg in Italien geführt und war zuletzt infolge einer innenpolitischen Intrige aus Karthago vertrieben worden – von den Römern. Aus dieser Rückschau heraus lag es nur allzu nahe, dass er sein Lebenswerk unter die Leitperspektive des durchgehenden Hasses auf Rom stellte, den er mittels der fraglichen Eidszene bis in seine frühe Kindheit zurückprojizierte. Zum anderen war die Geschichte über den Eid auch genau das, was Antiochos hören wollte. Der König sah einen eigenen Krieg mit Rom aufziehen und musste sich der Loyalität potentieller Unterstützer versichern. Hannibal ging es also auch darum, etwaige Zweifel an seiner Vertrauenswürdigkeit zu zerstreuen.

Auffällig hinsichtlich der fraglichen Historizität des Schwurs ist, dass die Episode zwei Dinge verknüpft, die zumindest nicht notwendigerweise miteinander zu tun hatten: den Beginn der nach 237 v. Chr. rasch voranschreitenden karthagischen Expansion in Iberien und die unversöhnliche Feindschaft der Barkiden (nach Hamilkars Beinamen ‹Barkas›) gegenüber Rom. Tatsächlich sollte die barkidische Kampagne in Iberien so erfolgreich verlaufen, dass Karthago nach der Niederlage von 241 v. Chr. in kürzester Zeit ökonomisch wie militärisch derart gesundete, dass es schon 218 v. Chr. einen neuen Krieg gegen Rom wagen konnte. Das heißt aber nicht, dass dieser neue Krieg, die Revanche, bereits ursprünglich Hamilkars Ziel beim Schritt nach Iberien war, wie Polybios es deutet – und wie gerade die Schwurszene im Baal-Hammon-Tempel es auch nahelegen würde.

Dass die Geschichte des Schwurs in den Quellen breit rezipiert wird (auch abseits von Polybios), belegt bei alldem nur vordergründig die historische Richtigkeit einer Verknüpfung von barkidischer Iberien-Expedition und barkidischer Rom-Feindschaft. Schaut man nämlich genauer hin, dann zeigt das breite Echo, das die Schwurszene hervorgerufen hat, erst einmal nur, dass unterschiedliche Akteure und Gruppen nachträglich ein Interesse daran hatten, den Eindruck von ebendieser Verknüpfung zu erwecken: Hannibal hatte dieses Interesse, wie gesehen, gegenüber König Antiochos; Polybios hatte es im Rahmen seiner nach Kausalitäten suchenden Betrachtungen zum Ausbruch des Zweiten Punischen Krieges; die politische Opposition gegen die Barkiden in Karthago hatte es nach diesem Krieg gegenüber den Römern, die man glauben machen wollte, mit der vorgeblich rein persönlichen barkidischen Aggression gegenüber Rom nichts zu tun gehabt zu haben; zu guter Letzt verfolgte auch Rom ein Interesse, nämlich den eigenen Anteil am Kriegsausbruch zu verdunkeln. Wenn Hannibal und die Barkiden nämlich als ‹eingeschworene› Feinde Roms gelten konnten, erübrigte sich die Frage, wer eigentlich die Verantwortung für den Krieg trug. Der Krieg Karthagos (oder besser: der Barkiden) wäre von vornherein der Plan von Hamilkar und Hannibal gewesen.

Verstärkt wurde dieses Bild einer rein persönlichen Schuld der Barkiden am Ausbruch des zweiten karthagisch-römischen Krieges noch dadurch, dass teilweise ein regelrechter Gegensatz der Barkiden zur Mehrheitsmeinung in Karthago konstruiert wurde. So schildern manche Quellen die Iberien-Kampagne geradezu als eine Flucht des Hamilkar vor der innenpolitischen Opposition in Karthago, und in Iberien hätten die Barkiden ein mehr oder weniger eigenständiges Reich begründet, das von der Mutterstadt kaum noch zu kontrollieren war. Auf diese rein persönliche Machtstellung in Iberien gestützt, konnten Hamilkar und seine Nachfolger dann daran arbeiten, ihren Plan der eigenmächtigen familiären Vendetta in die Tat umzusetzen, womit sie schlussendlich nicht allein sich selbst, sondern auch ihre Heimatstadt in die Katastrophe rissen.

Unterzieht man aber die Ereignisse nach dem Ende des ersten karthagisch-römischen Krieges einer etwas genaueren Analyse, so ergeben sich Zweifel sowohl am Motiv eines von Anfang an den nächsten Krieg vorbereitenden Hasses der Barkiden gegen Rom als auch am Motiv der grundlegenden Entfremdung der Barkiden von ihrer eigenen Heimatstadt. Betrachten wir zunächst das Motiv der unmittelbaren Revanchegelüste: Begeistert war in Karthago vom Verlust Siziliens und Sardiniens sicher niemand, und vom römischen Verhalten in den Verhandlungen von 241/237 v. Chr. erst recht nicht. Ein neuer Waffengang, das zeigten die Kapitulation von 241 v. Chr. und die spätere Einwilligung in den Verlust Sardiniens, war aber eine noch höchst abstrakte Perspektive. Zunächst einmal musste Karthago einen Weg finden, mit den Kriegsverlusten umzugehen, politisch und wirtschaftlich zu regenerieren und darüber hinaus die massiven

Reparationszahlungen an Rom leisten zu können. Es ging zunächst einmal nicht um die Planung eines neuen Krieges, sondern noch gänzlich um die Bewältigung des alten.

Hamilkar war im Geburtsjahr Hannibals, 247 v. Chr., zum karthagischen Kommandanten in Sizilien berufen worden und hatte den Römern bis zum Kriegsende im westsizilischen Eryx zähen Widerstand geleistet. Zurück in Afrika musste er dann zusehen, wie sein innenpolitischer Rivale Hanno, der in den Quellen ‹der Große› genannt wird, die Söldner, die zum Großteil unter Hamilkar gekämpft hatten, um Teile ihres Soldes zu bringen suchte und sie damit in den Aufstand trieb, der sich unter Beteiligung etlicher afrikanischer Untertanen schnell zu einem regelrechten Flächenbrand ausweitete, dem Söldnerkrieg (S. 26–27). Die beiden Rivalen Hamilkar und Hanno wurden gemeinsam mit der Kriegführung betraut, rauften sich nach einigen Rückschlägen *nolens volens* zusammen und konnten den Aufstand schließlich 238/237 v. Chr. niederschlagen. Die existentielle Bedrohung für das karthagische Gemeinwesen war damit abgewendet, freilich zum Preis des folgenden Verlustes von Sardinien.

Nun konnte man sich endlich der Aufgabe widmen, die künftigen Grundlinien karthagischer Politik zu definieren, und darüber gerieten Hanno und Hamilkar abermals in Streit. Hanno vertrat die Auffassung, dass Karthago die Herrschaft über das afrikanische Hinterland ausbauen sollte, wohingegen Hamilkar dazu riet, den Verlust des karthagischen Einflusses im Mittelmeerraum mit dem Aufbau einer neuen Einflusssphäre in Iberien zu beantworten, wo es reiche Erzvorkommen, ein großes Rekrutierungsreservoir für Soldaten und auch Betätigungsfelder für die karthagischen Fernhändler gab. Der iberische Plan des Hamilkar setzte sich letztlich durch, zum einen, weil Hannos Vorschlag, die künftige Wohlfahrt gänzlich an die intensivierte Ausbeutung der nordafrikanischen Untertanen zu binden, nach den frischen Erfahrungen mit der nur flach fundierten Loyalität dieser Untertanen im Söldnerkrieg zu risikoreich schien, zum anderen, weil es fraglich war, ob die Ausbeutung Afrikas ertragreich genug sein würde, um die Schulden bei den

Römern begleichen zu können. Und so erhielt Hamilkar Barkas 237 v. Chr. das Oberkommando und Prokura, nach Iberien zu gehen. Von einem Alleingang oder gar einer Flucht des Barkiden kann nicht die Rede sein.

Ohnehin hatte Barkas in den letzten Jahren seine Hausaufgaben gemacht und ein Netz loyaler Parteigänger gesponnen, die nach seiner Abreise wichtige Positionen in der Mutterstadt innehatten und auf dieser Basis die Innenpolitik verlässlich in seinem Sinne lenkten. Den numidischen Fürsten Naravas hatte Hamilkar für seinen Seitenwechsel im Söldnerkrieg mit der Hand einer seiner Töchter belohnt; eine weitere Tochter war mit Hasdrubal vermählt, einem Angehörigen der karthagischen Oberschicht, der später die Nachfolge des Schwiegervaters in Iberien antreten sollte; eine dritte Tochter war möglicherweise mit Bomilkar verheiratet, ebenfalls ein eminentes Mitglied der karthagischen Aristokratie. Weitere Namen der barkidischen ‹Partei› lassen sich freilich nicht nennen (und über die dahinterstehenden Personen wüssten wir ohnehin kaum mehr als eben ihre Namen). Dass aber 237 v. Chr. eine über vierzig Jahre lang andauernde barkidische Dominanz über Karthago begann, macht – v. a. angesichts der durchgehenden Abwesenheit der Barkiden aus der Mutterstadt – die Belastbarkeit ihrer Bindungen deutlich.

Den Gegnern der Barkiden, deren Existenz in einer Adelsrepublik mit den ihr typischen Rivalitäten um Prestige und Einfluss natürlich anzunehmen ist und die in der Person Hannos des Großen zumindest in einem Fall namentlich festgemacht werden können, gelang es jedenfalls über mehrere Jahrzehnte hinweg nicht, ihre Positionen in der karthagischen Politik zur Geltung zu bringen. Gerade vor diesem Hintergrund ist der Versuch, die Barkiden und die restlichen Karthager gegeneinander auszuspielen, wenig mehr als ein leicht zu durchschauender Taschenspielertrick späterer antibarkidischer Karthager und prorömischer Quellenautoren, die das Gewicht der von Hanno repräsentierten Opposition in der Zwischenkriegsphase systematisch zu stark gewichteten, um die Schuld am Ausbruch des zweiten Krieges 219/218 v. Chr. einseitig dem Barkiden Hannibal zuschieben zu können. Faktisch saßen die Barkiden aber so fest im Sattel, wie es nur ging, als Hamilkar sich 237 v. Chr. im Auftrag und mit Billigung seiner Mitbürger nach Iberien aufmachte.

Die Halbinsel war für Karthago mitnichten eine Terra incognita. Gerade im Süden gab es phönikische Kolonien, zu denen seit Jahrhunderten Kontakt bestand. Eine dieser Kolonien, Gades (das heutige Cádiz), wählte Hamilkar als erste Basis – sicher mit Zustimmung der stammverwandten Einwohner. Mit einer Mischung aus Diplomatie und Krieg machte Hamilkar bald etliche iberische Stämme zu Verbündeten, andere zu Untertanen, und sicherte sich so den Zugriff auf die Bergbaugebiete im heutigen Andalusien. Angesichts dieses Fokus auf dem Landesinneren dürfte auch die von Hamilkar gegründete und vom Historiker Diodor (1. Jh. v. Chr.) erwähnte neue karthagische Operationsbasis Akra Leuke dort gelegen haben: in der Nähe der iberischen Stadt Castulo (aus der später Hannibals Gattin Imilke stammen sollte) am Oberlauf des Río Segura, wo sich reiche Silberminen und Bleigruben befanden. Die häufig vorgeschlagene Identifizierung von Akra Leuke mit der Küstenstadt Alicante lässt sich jedenfalls nicht ohne Weiteres mit der sonstigen Richtung der initialen barkidischen Expansion zur Deckung bringen.

Erst am Ende seines Lebens operierte Hamilkar nachweislich küstennäher: 229 v. Chr. fand er bei einer Belagerung von Helike den Tod. Sein Schwiegersohn Hasdrubal, der ihn seit dem Beginn der Kampagne begleitet hatte und jetzt von den Soldaten zum Nachfolger erhoben wurde, setzte die noch unter Hamilkar begonnene Expansion in Richtung Küste konsequent fort, machte um 227 v. Chr. eine iberische Küstensiedlung zur faktischen Hauptstadt des barkidischen Iberien und baute sie zum militärischen, politischen sowie ökonomischen Zentrum aus. Die Stadt nannte er nach ihrer Mutterstadt schlicht ‹Karthago›, in Quellen und Forschung erscheint sie zur Unterscheidung aber meist unter dem Namen ‹Neukarthago›. Es handelt sich um das heutige Cartagena (das übrigens weiter südlich liegt als Alicante, was ebenfalls gegen eine Identifizierung des von Hamil-

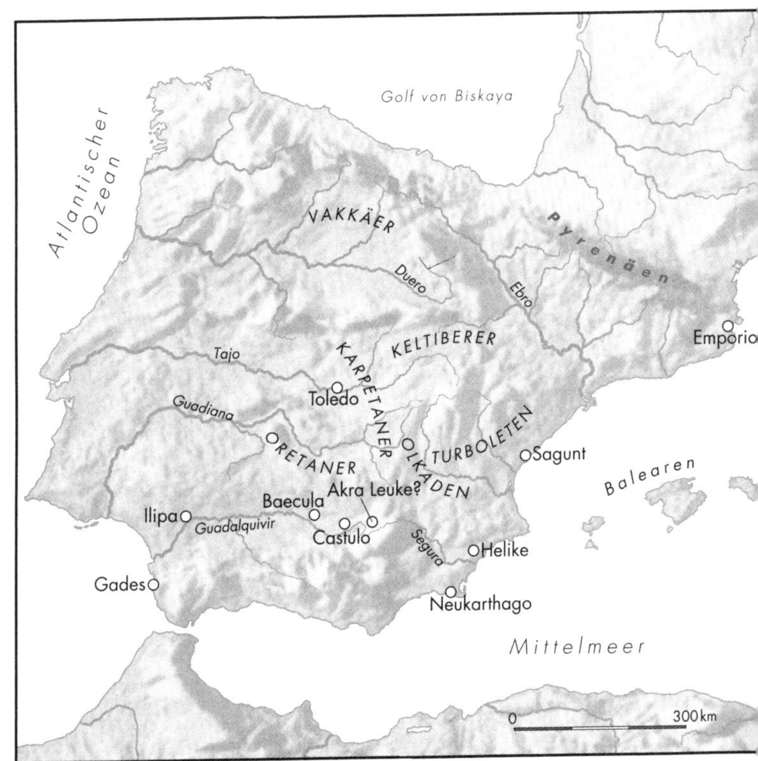

Die Iberische Halbinsel unter den Barkiden

kar gegründeten Akra Leuke mit Alicante spricht). Hasdrubal sorgte in der Folge für einen weiteren Ausbau der karthagischen Einflusssphäre in Iberien, wobei er laut Livius stärker auf Diplomatie gesetzt hätte als Hamilkar.

Als Hasdrubal 221 v. Chr. von einem seiner Sklaven umgebracht wurde, verblieb der Oberbefehl einmal mehr im Kreis der barkidischen Familie. Hannibal, der älteste Sohn von Hamilkar, mittlerweile 26 Jahre alt und einer der profiliertesten Offiziere des ermordeten Hasdrubal, wurde zu dessen Nachfolger und damit zum Erben der barkidischen Erfolge. In etwas mehr als fünfzehn Jahren hatte Hannibals Familie Karthagos Einflusssphäre auf weite Teile des südlichen Iberien ausgedehnt, Zugriff auf die reichen Erzvorkommen der Region bekommen, Handelsplätze gegründet und ein Reservoir zur Rekrutierung zahlreicher neuer Soldaten erschlossen. Die Iberien-Expedition hatte die Verluste von Sizilien und Sardinien ausgeglichen und Karthago damit nicht zuletzt auch in die Lage versetzt, die römischen Reparationsforderungen bedienen zu können. Die barkidische Iberien-Politik war eine Erfolgsgeschichte – und Hannibal machte sich daran, sie fortzuschreiben.

Solange die Kampagne eine Erfolgsgeschichte blieb, waren die Barkiden in ihrer Stellung in Iberien unantastbar. Zu einem Bruch zwischen ihnen und Karthago kam es daher nie, im Gegenteil: Die politischen Organe der Mutterstadt gaben den Barkiden stets Rückendeckung; die beiden Wechsel im iberischen Oberkommando (von Hamilkar auf Hasdrubal und von Hasdrubal auf Hannibal) waren in Karthago jeweils bestätigt worden. Sogar als die Karthager sich Hannibals kurz vor Ausbruch des zweiten Krieges gegen Rom hätten entledigen können (S. 47), hielten sie ihm die Treue und folgten ihm in den Kampf. Dass für all das sicher auch finanzielle Zuwendungen aus den iberischen Gewinnen an wichtige Persönlichkeiten und eigene Parteigänger in der Hauptstadt eine Rolle spielten (die Grenzen zwischen legitimer Gewinnbeteiligung und verbotener Bestechung waren in der Antike fließend), ändert nichts daran, dass Hamilkar, Hasdrubal und Hannibal als jederzeit legitimierte Funktionsträger des karthagischen Staates gelten mussten.

Vor diesem Hintergrund war es dann auch gar nicht nötig, dass sich die Barkiden von der eigenen Heimatstadt hätten lossagen und in Iberien ein eigenes Reich begründen müssen, auch wenn Hasdrubal in der späteren Publizistik sogar verdächtigt wurde, einen Staatsstreich geplant zu haben (Polybios III 8,1–7). Die Weitergabe des Oberbefehls innerhalb der Familie zeigte freilich tatsächlich Ansätze zu einer regelrechten Dynastiebildung, barkidische Münzbilder orientierten sich an Prägungen hellenistischer Könige, im Umfeld der Barkiden hielten sich, wie an einem Königshof, ausländische Gelehrte auf, beispielsweise die Griechen Sosylos von Sparta und Silenos von Kaleakte, die als Lehrer für Hannibal fungierten. Und lag nicht auch in der Benennung der neuen iberischen Hauptstadt als ‹Karthago› eine emanzipierende Absage an die Mutterstadt?

Zumindest der letzte Einwand ist schnell beiseitegewischt: Die Benennung des neuen Karthago nach dem alten mochte ebenso gut Hasdrubals enge Bindung ans alte Karthago zum Ausdruck bringen. Aber auch die herrschaftliche Repräsentation der Barkiden erweckte mit Blick auf die Mehrheit in Karthago offenbar kein allzu großes Misstrauen. Sie war im Endeffekt sowieso einigermaßen zwangsläufig, folgte sie doch einer gut antiken Logik der personalisierten Vermittlung von Herrschaft. Zwischenstaatliche Kontakte gründeten weniger auf professioneller Diplomatie als auf der rein persönlichen Bekanntschaft einzelner Beteiligter. Die Loyalität der iberischen Untertanen galt insofern eher der Familie ihrer karthagischen Kontaktleute vor Ort als deren Gemeinwesen. Und da es die Barkiden waren, die die Kontakte zu den Iberern geknüpft hatten, fühlten sich diese also vornehmlich jenen verpflichtet. Daraus erklärt sich dann auch die barkidische Quasi-Dynastie: Es wäre nicht sinnvoll gewesen, die Abfolge dreier Barkiden als Befehlshaber in Iberien zu unterbrechen; und dass die drei wie Könige auftraten, war ebenfalls kaum zu vermeiden, denn sie wurden von ihren Untertanen genau als solche wahrgenommen. Diese Wahrnehmung wollte aber eben auch bespielt werden, um die karthagische Herrschaft in ein für die Iberer akzeptables Gewand zu kleiden. Übrigens soll Jahre später der Römer Scipio von den Iberern ebenfalls als König betitelt worden sein, als er im Zuge des zweiten karthagisch-römischen Krieges die Herrschaft der barkidischen ‹Könige› in Iberien beseitigt hatte.

Um es anders zu sagen: Wollten die Karthager die Erfolge, die die Barkiden errungen hatten, nicht gefährden, waren sie gut beraten, Hamilkar und seine Nachfolger in Iberien zu belassen und ihnen gewisse Freiheiten im Agieren gegenüber den Iberern zuzugestehen. Solange die quasi-monarchische Repräsentation auf Iberien beschränkt blieb, konnte man sie in Karthago letztlich akzeptieren. Dass die Barkiden sich von der Mutterstadt hätten lossagen wollen, geht daraus jedenfalls nicht hervor, zumal beide Seiten in Iberien gemeinsame Interessen verfolgten. Aus dieser Interessenskonvergenz ergab sich auch die ungeheure Dynamik der iberischen Expansion: Gerade, weil die Barkiden immer karthagische Amtsträger blieben, waren sie zum ständigen Erfolg verdammt, immerhin hing ihre Akzeptanz in der Mutterstadt von ihren Erfolgen in Iberien ab. Auf der anderen Seite profitierten die Karthager auf breiter Basis von den barkidischen Erfolgen, weshalb die meisten gar kein Interesse daran hatten, die Barkiden zu bremsen, solange diese lieferten.

Kommen wir damit zurück zum Eid des kleinen Hannibal. Ob dieser historisch war oder nicht, werden wir nicht mehr klären können, weil an der Geschichte und der dahinterstehenden Idee, die Iberien-Kampagne sei der von den Barkiden von vornherein intendierte Aufgalopp in den zweiten karthagisch-römischen Krieg gewesen, zu viele Personen und Gruppen ein Interesse hatten. Ob diese Idee die historische Realität traf, ist sehr fraglich. Sicher ist nur, dass die iberische Expansion faktisch so erfolgreich war, dass sich Karthago und Hannibal nur 19 Jahre nach der angeblichen Schwurszene dazu in der Lage sahen, den Konflikt mit Rom zu wagen. Diese Folge der barkidischen Erfolge bildete überhaupt erst die Grundlage dafür, Hamilkars Plan von 237 v. Chr. nachträglich als ersten Schritt in den Krieg werten zu können. In genau diesem Sinne präsentierte dann Hannibal das Geschehen, als er Antiochos III. von seinem angeblichen Schwur im Baal-Tempel erzählte.

IV. Kriegsschuldfrage: Die Falle von Sagunt

Seit acht Monaten belagerte Hannibal Sagunt. Die Einwohner der iberischen Stadt hatten den karthagischen Befehlshaber zuvor durch etliche Übergriffe auf mit ihm verbündete Stämme bis aufs Blut provoziert und sich dabei auf die Rückendeckung Roms verlassen, mit dem sie in einem Freundschaftsverhältnis standen. Sogar als Hannibal direkt gegen die Stadt vorrückte, waren die Saguntiner wohl noch von einem Eingreifen Roms überzeugt, hielten sich die Römer doch stolz zugute, ihre Verbündeten niemals im Stich zu lassen. Wann die Hoffnung auf diese Schutzverheißung zu schwinden begann, lässt sich nicht sagen. Sicher ist nur, dass Roms Hilfe ausblieb. Schlussendlich stürmten Hannibals Truppen die Stadt, und der karthagische Feldherr statuierte ein brutales Exempel. Die Einwohner von Sagunt wurden in die Sklaverei verkauft, ihre Stadt geplündert und die Beute nach Karthago verschifft. Erst jetzt wurden die Römer aktiv. Laut beklagten sie den Übergriff auf Sagunt und forderten in Karthago, die Verantwortlichen, Hannibal und seine Berater, auszuliefern. Die Karthager aber weigerten sich, und so erklärten die nach Nordafrika gesandten römischen Senatoren ihnen den Krieg.

Der Fall von Sagunt 219/218 v. Chr. bietet einige Auffälligkeiten. Das betrifft nicht in erster Linie die Frage, wieso Hannibal die vorgebliche Provokation wagte, eine Stadt anzugreifen, die unter dem Schutz Roms stand. Erklärungsbedürftig ist viel eher, wieso die Römer zwar bereit waren, die Vernichtung von Sagunt zu rächen, nicht aber, die Stadt von vornherein vor diesem Schicksal zu bewahren. Ein von Polybios nahegelegter sachlicher Grund für die unterlassene Hilfeleistung verfängt jedenfalls nicht: Zwar führte Rom 219 v. Chr. parallel zur Sagunt-Krise eine Operation im illyrischen Adriaraum, doch war diese von

Umfang und Dauer her so begrenzt, dass sie einem Entsatz für Sagunt nicht ernsthaft im Wege gestanden haben kann (falls sie nicht selbst schon der Vorfeldbereinigung für einen Krieg mit Karthago diente). Eine bessere Erklärung wäre daher vielleicht, wenn in Rom längere Zeit ergebnislos über das Für und Wider eines Eingreifens debattiert worden wäre. Immerhin muss man sich im Klaren gewesen sein, dass sich aus der Affäre in Iberien ein größerer Krieg entwickeln konnte, zumal die Römer (zumindest laut den Quellen) dem karthagischen Feldherrn unterstellten, nur auf einen Anlass zum Losschlagen gegen Rom zu warten. Diesen Anlass wollte ein Teil der römischen Senatoren dem Karthager möglicherweise nicht liefern.

So plausibel dieser Gedanke ist – nur ein Jahr später würde sich Rom tatsächlich im Krieg mit Hannibal befinden –, so sehr unterstellt er den römischen Entscheidungsträgern eine für sie untypische politische Kurzsichtigkeit, immerhin hatte Rom die Situation, die Sagunt zum Pulverfass machte, nur ein Jahr zuvor selbst geschaffen, als es auf einen Hilferuf der Saguntiner hin eine Gesandtschaft nach Iberien geschickt hatte, um Hannibal explizit vor einem Übergriff auf die Stadt zu warnen; eigentlich hätte sich daher schon damals Widerspruch gegen diese Provokation des Karthagers erheben sollen. Und dass nach dem Fall von Sagunt unmittelbar eine Gesandtschaft mit einem Ultimatum nach Karthago geschickt wurde – ohne größere Debatten, wie Polybios feststellt –, wirft die Frage auf, womit möglicherweise zunächst abwartende Senatoren denn eigentlich hätten rechnen sollen: Ein Sieg der Saguntiner gegen Karthago stand kaum zu erwarten, auch wenn diese sich acht Monate lang heftig zur Wehr setzten. Es deutet also einiges darauf hin, dass es in Rom von Anfang an nicht darum ging, *ob* man den Krieg mit Karthago überhaupt wagen wollte, sondern viel eher darum, *wie* er beginnen sollte.

Das Schicksal von Sagunt steht im Zentrum der Frage, wer die Schuld am Ausbruch des zweiten karthagisch-römischen Krieges trug, der das Geschick von Karthago, von Rom und von Hannibal so entscheidend beeinflussen sollte. Die Kriegsschuldfrage war seit Beginn des Konflikts umstritten, was sich in den

Quellenberichten in einer Reihe von Halbinformationen niederschlägt, in denen unser maßgeblicher Gewährsmann Polybios seine aus römischer Sicht stammenden Informationen nur sehr unzureichend prüfte. Schon das Bild der seit 237 v. Chr. virulenten Revanchebestrebungen der Barkiden gegen Rom stand ja, wie gesehen, unter dem Eindruck der Debatten um die Kriegsschuld. Die Frage war allein deshalb wichtig, weil der Ausgang des aufziehenden Krieges davon abhängen mochte, wem es gelang, die Waffenhilfe möglicher Verbündeter zu mobilisieren. Gerade Hannibal bemühte sich in den folgenden Jahren intensiv um die Unterstützung zunächst neutraler Gemeinwesen. Aber auch für die Mobilisierung der jeweils eigenen Bürgerschaft erwies es sich als vorteilhaft, die Schuld am Kriegsausbruch auf die jeweils andere Seite abwälzen zu können. Gerade Rom hielt stur an der Fiktion fest, stets nur ‹gerechte Kriege› zu führen, also ausschließlich defensive Kriege zum Selbstschutz oder zum Schutz seiner Verbündeten.

Lange Zeit hatte Rom in Iberien aber noch keine eigenen Interessen verfolgt oder gar schutzbedürftige Verbündete gehabt. Nicht zuletzt das wird einer der Gründe gewesen sein, wieso sich Hamilkar für eine Expansion in den iberischen Raum stark gemacht hatte, immerhin stand dort nicht zu erwarten, dass die Römer unmittelbar wieder vor der Tür stehen würden. Tatsächlich dauerte es bis 231/230 v. Chr., bis die karthagisch-barkidischen Erfolge bei den Römern Aufmerksamkeit erregten. In diesem Jahr sandte Rom eine Gesandtschaft zu Hamilkar, die sich bei ihm über den Umfang, das Vorankommen und vor allem das Ziel seiner Kampagne informieren sollte. Ob dahinter bereits zu diesem frühen Zeitpunkt die Sorge vor einem militärischen Wiedererstarken Karthagos stand, ist fraglich. Noch operierten die Barkiden hauptsächlich im südiberischen Landesinneren, weit entfernt von Rom und auch von einzelnen wichtigen römischen Verbündeten, die vielleicht ein größeres (v. a. wirtschaftliches) Interesse am iberischen Raum hatten als die Römer selbst, zum Beispiel die Griechenkolonie Massalia in Südgallien. Wahrscheinlich ging es dem römischen Senat wirklich nur darum, sich einen Überblick zu verschaffen, denn er zeigte sich nach der Rückkehr der Gesandten zumindest offiziell beruhigt. Hamilkar Barkas war den Römern zuvorkommend begegnet, hatte ihnen alles gezeigt, was sie sehen wollten, und auch eine Antwort auf die Frage parat gehabt, was er in Iberien eigentlich zu suchen hatte: Es gehe ihm, so sagte er den Römern, nur darum, die von ihnen geforderten Reparationen bezahlen zu können. Dagegen ließ sich schlecht etwas einwenden.

Nun konnten Hamilkar und seine Nachfolger aber kaum beim Status quo von 231/230 v. Chr. stehenbleiben, unterlagen sie doch einem strukturellen Bewährungszwang (S. 35–37). So blieben die Entwicklungen in Iberien fortan auf dem römischen Radar. Nach der Gründung von Neukarthago in strategisch günstiger Lage an der Küste des Mittelmeers wurden die Römer daher 226/225 v. Chr. bei Hasdrubal, dem Nachfolger von Hamilkar, vorstellig. Mit ihm schlossen sie eine konkrete Übereinkunft, von deren Inhalt uns Polybios unterrichtet: Der barkidische Feldherr habe sich verpflichtet, den Fluss Iberus (den Ebro) nicht in kriegerischer Absicht nach Norden zu überschreiten. Das war laut Polybios die einzige Klausel des Vertrags (Polybios II 13,3–7). Wenn spätere Historiographen behaupten, dass sich die Römer im Gegenzug verpflichtet hätten, die Demarkationslinie ihrerseits nicht in Richtung Süden zu überschreiten, so dürfte das auf einer erst nachträglichen Interpretation der mutmaßlich einzigen Vertragsklausel fußen. Es lag aber trotzdem nahe, dass die Karthager die Verabredung, zumindest dem Sinn nach, in genau dieser Weise verstanden, als klare Abgrenzung von Interessenssphären. Hasdrubal wäre damit südlich des Ebro volle Handlungsfreiheit zugesichert worden.

Auch wenn Vorschläge gemacht wurden, den bei Polybios als ‹Iberus› bezeichneten Fluss nicht mit dem in Nordspanien fließenden Ebro zu identifizieren, sondern mit einem weiter südlich fließenden Fluss (beispielsweise dem Segura, der zwischen Neukarthago und Alicante ins Mittelmeer mündet), geht an der gängigen Identifizierung mit dem Ebro kein Weg vorbei. So wurde zwar gegen den Ebro eingewendet, dass dieser sich als Demarkationslinie derart weit entfernt vom 226 v. Chr. aktuellen Operationsgebiet Hasdrubals befand, dass nicht zu erklären sei, wieso die Römer ohne Not ganz Iberien an die Karthager hätten herschenken sollen; auf diesen Einwand gibt Polybios aber eine klare Antwort, und es gibt keinen Grund, an dieser zu zweifeln: Primäres Ziel Roms sei es gewesen, sicherzustellen, dass die Karthager sich nicht in den gerade erst begonnenen römischen Krieg gegen die oberitalischen Kelten einmischten. Dafür hätten sie Hasdrubal weitgehende Zugeständnisse gemacht.

Im selben Atemzug weist der griechische Historiker darauf hin, dass diese Sicherheitsinteressen in Norditalien erst der Grund dafür gewesen seien, dass die Römer dem barkidischen Machtausbau in Iberien lange Zeit überhaupt vergleichsweise untätig zugesehen hatten. Man kann dem Bericht mithin entnehmen, dass die Römer die Aktivitäten der Barkiden im Westen spätestens seit Mitte der 220er Jahre mit wachsendem Unbehagen zur Kenntnis nahmen. Hasdrubal indes zeigte sich in den folgenden Jahren als verlässlicher Partner und hielt sich an die Absprachen, sodass die Römer sich in Ruhe den Kelten widmen konnten. Es gab für die Barkiden vorerst auch gar keinen Grund, gegen den Ebro-Vertrag zu verstoßen. Nicht nur, dass die Römer mit ihm mehr oder minder explizit die Früchte einer ganzen Dekade barkidischer Mühen um Einflussgewinn in Iberien anerkannt hatten, sie hatten ihnen scheinbar auch einen Blanko-Scheck für eine geographisch weitreichende weitere Expansion Richtung Norden ausgestellt.

So sah es wohl auch Hannibal, der 221 v. Chr. zum Nachfolger des Hasdrubal wurde. Der älteste Sohn des Hamilkar hatte sich unter seinem Schwager erste Meriten als Kommandant der numidischen Reiterei erworben, einer der wichtigsten Einheiten des barkidischen Heeres, die im folgenden Krieg in Italien häufig schlachtentscheidend sein sollte. Ganz allgemein war Hannibal aufgrund seines Talents, seiner Zugänglichkeit und seiner Genügsamkeit bei den Soldaten in Iberien ausgesprochen beliebt, wovon mehr als 200 Jahre später sogar der römische Historiker Livius noch zu berichten wusste (Livius XXI 4,4–8). Es war daher quasi ausgemacht, dass ihn das Heer zum Nachfolger des Hasdrubal akklamierte; die Volksversammlung in Karthago bestätigte den Schritt. Nichtsdestoweniger stand der neue Befehlshaber unmittelbar unter Bewährungszwang. Er war erst 26 Jahre alt und außerhalb von Iberien ein unbeschriebenes Blatt. Dass er sich noch bis 224 v. Chr. in Karthago aufgehalten hätte, wie Livius schreibt, und erst dann von Hasdrubal nach Iberien gerufen worden sei, widerspricht jedenfalls dem Zeugnis des Polybios, dem zufolge Hannibal nach seiner Abreise nach Iberien mit seinem Vater 237 v. Chr. die Heimat erst am Ende des zweiten karthagisch-römischen Krieges wiedergesehen haben soll.

So verlangte man in Karthago natürlich Belege dafür, dass die Vorschusslorbeeren, mit denen man Hannibal ausgestattet hatte, wirklich gerechtfertigt waren. Weiterhin gründete die Akzeptanz der barkidischen Dominanz in Iberien und in Karthago auf ihren Erfolgen – und gerade im sensiblen Moment eines Führungswechsels waren solche Erfolge umso dringlicher. Hannibal machte sich daher daran, seine Fähigkeiten unter Beweis zu stellen und den barkidischen Einfluss rasch nach Norden auszudehnen. Noch 221 v. Chr. überzog er den zentraliberischen Stamm der Olkaden mit Krieg, 220 v. Chr. besiegte er die am Mittellauf des Duero siedelnden Vakkäer und zog gegen die Karpetaner. Stämme, die sich nicht gegen die barkidische Armee stellen wollten oder konnten, schlossen Freundschaftsbündnisse mit ihm. Auch wenn Hannibal die 226/225 v. Chr. festgelegte Expansionsgrenze, den Ebro, damit noch längst nicht erreicht hatte, rief sein Aktionismus wieder die Römer auf den Plan, die schon Hasdrubal die Ebro-Linie wohl nur deshalb zugestanden hatten, weil ihnen aufgrund ihres Kriegs in Oberitalien für den Moment die Hände gebunden waren. Dieser Krieg war inzwischen aber beendet, die Römer hatten ihre Handlungsfreiheit zurückerlangt und zeigten sich endlich entschlossen, einem allzu großen karthagischen Machtzuwachs entgegenzutreten. Sie planten daher, den neuen karthagischen Oberbefehlshaber, der auch ihnen noch nicht gut bekannt war, zu testen.

In dieser Situation traf es sich für die Römer gut, dass Hannibals Vordringen etliche Gemeinwesen in Iberien in Unruhe versetzt hatte. Gerade die Stadt Sagunt, an der iberischen Ostküste gelegen (aber noch deutlich südlich des Ebro), wandte sich wiederholt hilfesuchend an Rom, spätestens nachdem Hannibal ein Bündnis mit den Turboleten geschlossen hatte, mit denen die Saguntiner sich schon länger im Konflikt befanden. Die Beziehungen Roms zu Sagunt reichten wohl nicht weiter zurück als zu diesem Zeitpunkt, auch wenn Polybios sie im Zuge der Kriegsschulddebatte vage bereits auf eine Zeit vor dem Hasdrubal-Vertrag datiert. Dass dieser Vertrag, entgegen einer späteren römischen Lesart, die in ihrer Intention aber leicht zu durchschauen ist, keine ‹Sagunt-Klausel› enthielt, die die Stadt aus den Absprachen bezüglich des Ebro ausgeklammert hätte – Polybios sagt eindeutig, dass außer der Ebro-Grenze nichts hinsichtlich des übrigen Iberien beschlossen wurde –, belegt jedenfalls das vergleichsweise junge Verhältnis von Rom zu Sagunt. Erst die Hilfegesuche verschafften Rom also eine Gelegenheit, Beziehungen zu knüpfen und Hannibal auf den Zahn zu fühlen.

Der römische Senat schickte also Gesandte nach Sagunt, die in der Debatte um die außenpolitische Ausrichtung der Stadt als Schiedsrichter auftraten, was wenig anderes heißt, als dass sie den proroömischen Kräften unter den Saguntinern Rückendeckung gaben, ihre Rivalen hinzurichten, die eher für eine Verständigung mit Hannibal optiert hatten, was nahelegt, dass Sagunt die proroömische Option eben nicht schon lange vor Hannibals Expansion in die Nachbarschaft der Stadt gezogen hatte. Danach reisten die Gesandten zu Hannibal nach Neukarthago, um ihn über den neuen Status von Sagunt als Protegé Roms zu unterrichten und um ihn ferner auf die Bestimmungen des Hasdrubal-Vertrags zu verpflichten. Hannibal ließ sich aber in Bezug auf Sagunt keine Zusagen abringen, sondern zeigte sich demonstrativ empört über das Verhalten Roms, das er deutlich als Übergriff brandmarkte. Diese Empörung fußte möglicherweise auf der karthagischen Lesart des Ebro-Vertrags, nach der Rom den Barkiden südlich des Flusses völlige Handlungsfreiheit zugestanden hätte. Ob Hannibal die Gültigkeit der Hasdrubal-Vereinbarung für sich zurückwies, weil diese in Karthago niemals ratifiziert worden war und daher ausschließlich für Hasdrubal galt (so argumentierte der karthagische Rat später angeblich gegenüber der römischen Kriegsgesandtschaft), ist also fraglich. Möglicherweise hatte sich der neue Befehlshaber, ganz im Gegenteil, eher auf den Standpunkt gestellt, dass es die Römer waren, die die Absprachen missachtet hatten, was in unserer römisch dominierten Überlieferung natürlich keinen Widerhall finden konnte. Daher lässt Polybios den Karthager nur mit einem etwas unspezifischen moralischen Vorwurf für seine Empörung in der Sagunt-Sache argumentieren: Die Karthager würden sich immer auf die Seite der Unrecht Leidenden stellen. Mit diesem Bescheid habe er die römische Gesandtschaft entlassen (Polybios III 15,7).

Dass er sich damit auf dünnem Eis bewegte, war Hannibal klar, was sich daran zeigt, dass er sich sofort mit seiner Mutterstadt ins Einvernehmen über das weitere Vorgehen setzte. Da absehbar war, dass Sagunt, im Vertrauen auf die römische Rückendeckung, beginnen würde, die barkidischen Verbündeten in der Nachbarschaft zu reizen, holte Hannibal sich die offizielle Vollmacht seiner Mitbürger, die Stadt gegebenenfalls anzugreifen, auch wenn er damit einen Krieg gegen Rom provozieren konnte. Letztlich gab es dazu keine Alternative. Dass sich Hanno, der alte Rivale der Barkiden, dagegen ausgesprochen haben soll, ist zwar vielleicht nicht rundheraus erfunden (auch wenn die Betonung von Dissens in Karthagos Innenpolitik Teil der Konstruktion barkidischer Kriegsschuld war), war mit Blick auf die Lage in Iberien aber kein gangbarer Weg. Denn hätte Hannibal sich durch die Sorge vor einem römischen Eingreifen tatsächlich davon abhalten lassen, seinen eigenen Verbündeten gegen Sagunt zu helfen, so hätte er damit den ersten Sargnagel in die karthagische Dominanz in Iberien gehauen, die nicht zuletzt auf dem Vertrauen in die barkidische Leistungsfähigkeit und Leistungsbereitschaft gründete.

Insofern konnte niemand wirklich davon ausgehen, dass Hannibal Sagunt schonen würde, hätte das doch seine Position in Iberien erodiert. Wenn er aber nicht bereit war, sich von vornherein der römischen Macht zu beugen (das wäre für Rom die beste Lösung gewesen), so gab ein Vorgehen gegen die mit Rom befreundete Stadt den Römern immerhin die Gelegenheit, von den Karthagern später seine Auslieferung zu verlangen.

Würden die Karthager dann dieser Forderung nachkommen, hätte das mittelfristig die Rom freundlich(er) gesonnene Partei um Hanno ans Ruder gebracht, wiederum mit kaum sonderlich günstigen Folgen für die karthagische Herrschaft in Iberien, die in erster Linie eine barkidische Herrschaft war. Hielten die Karthager Hannibal hingegen die Treue, so lieferten sie Rom einen willkommenen Vorwand, den Krieg zu beginnen, ohne allzu offensichtlich als Aggressor dazustehen.

Vor dem Hintergrund dieser Gemengelage ist die Aussprache der römischen Kriegsgesandtschaft mit dem Rat von Karthago Anfang 218 v. Chr. zu sehen, unmittelbar nach dem Fall von Sagunt. Letztlich muss allen Beteiligten klar gewesen sein, dass schon bald die Waffen sprechen würden. Streng juristisch ließen sich die Verantwortlichkeiten ohnehin nicht klären. Die Hasdrubal-Vereinbarung hatte Hannibal mit seinem Angriff auf das südlich des Ebro liegende Sagunt jedenfalls mitnichten gebrochen. Wenn überhaupt, dann hätte eher Karthago den Vertrag ins Feld führen müssen, denn Sagunt lag in ihrer Einflusszone, ein Argument, dessen Akzeptierbarkeit freilich davon abhing, ob sich Rom im Gegenzug für die Zusage Hasdrubals verpflichtet hatte, in den Gebieten südlich des Ebro keine eigenen Interessen zu verfolgen. Das mochten wiederum die Römer mit guten Gründen bestreiten, denn der Vertrag hatte sich nicht ausdrücklich dazu geäußert. Ein Bruch des Ebro-Vertrags war also keiner der beiden Seiten vorzuwerfen – und so spielt er im Bericht über die Kriegserklärung der Römer auch keine allzu große Rolle.

Ähnlich mag es sich hinsichtlich des Lutatius-Vertrags verhalten haben, der den ersten karthagisch-römischen Krieg beendet hatte. Er hatte den Bestand der Verbündeten beider Seiten garantiert, dabei aber Sagunt nicht aufgeführt, worauf die Karthager zur Rechtfertigung von Hannibals Vorgehen gegen die Stadt hinwiesen. Dem konnte Rom entgegenhalten, dass dieser Umstand schlicht und ergreifend selbstverständlich war, weil Sagunt 241 v. Chr. noch in keinem Verhältnis zu einer der beiden Kriegsparteien gestanden hatte; daraus wollten sie aber schwerlich ableiten, dass es *per se* verboten gewesen wäre, neue

Bündnisse zu schließen. Auch in der Diskussion um diese Frage stand also Sinn gegen Wortlaut des Vertrags. Die Debatte war damit ebenfalls fruchtlos, und die römische Gesandtschaft ließ sich entsprechend gar nicht erst darauf ein. Polybios klammert die von ihm wiedergegebene *mögliche* römische Argumentation jedenfalls ausdrücklich aus dem *faktischen* Gespräch der Gesandten mit dem Rat von Karthago aus. Und so beharrten die Karthager 218 v. Chr. schlicht darauf, nichts getan zu haben, was in irgendeiner Form ihren Verpflichtungen widersprochen hätte, die Römer hingegen darauf, dass der Übergriff auf Sagunt unbedingt zu sühnen sei, ohne in eine spitzfindige juristische Exegese einsteigen zu müssen. Darüber hätte man sich unterhalten können, wenn Sagunt noch existieren würde; da Hannibal aber vollendete Tatsachen geschaffen hatte, sei es dafür nun zu spät (Polybios III 21,6–8).

Dieser Linie folgend, hatten die römischen Gesandten sowieso nicht den Auftrag, zu verhandeln. Sie waren ausschließlich nach Afrika gekommen, um das römische Ultimatum zu überbringen. Entweder lieferten die Karthager Hannibal aus, oder sie wählten den Krieg. Rom war also zum Waffengang entschlossen. In dieser Perspektive war die Sagunt-Affäre von vornherein wenig mehr als ein Schmierentheater: Rom hatte Hannibal mit der Aufnahme von Sagunts Hilfsgesuch 220/219 v. Chr. eine Falle gestellt. Entweder, er beschädigte seine Reputation und gefährdete damit die Erfolge seiner Familie in Iberien, oder er lieferte den Römern einen Anlass zum Losschlagen. Dass der Karthager das nicht erkannt haben soll, ist schwer vorstellbar, wie seine Rückversicherung mit den politischen Institutionen seiner Heimatstadt im Hinblick auf die nächsten Schritte gegenüber Sagunt zeigte. Es war aber so, dass Hannibal sich stark genug fühlte, um seinerseits nicht mehr vor dem aufziehenden Krieg mit Rom zurückzuschrecken. Seine Mitbürger in Karthago sahen das ähnlich und folgten ihm in den Kampf. Auch sie hatten das römische Kalkül durchschaut. Die Einzigen, die nicht verstanden hatten, was gespielt wurde, waren die Saguntiner, die damit zum ersten Opfer im noch unerklärten Krieg wurden – erobert durch Hannibal, preisgegeben durch Rom.

V. Der Alpenzug: Melqart geht nach Italien

Die zehnte Prüfung des Halbgottes Herakles nahm ihren Ausgang in der Gegend der späteren phönikischen Kolonie Gades. Dort weidete die Rinderherde des furchteinflößenden Riesen Geryon, die Herakles rauben sollte. Nachdem er die Rinder in seine Gewalt gebracht und Geryon getötet hatte, trieb er das Vieh vom südlichen Iberien aus über Südgallien bis nach Mittelitalien. Dort hauste auf dem Aventin, einem der späteren sieben Hügel Roms, ein weiterer Riese, der brutale Cacus, der mit einer großen Portion Hinterlist versuchte, Herakles einige der Rinder zu stehlen. Als der Halbgott des Diebstahls gewahr wurde, strafte er den Dieb, indem er ihn erschlug. Diese Episode aus der griechischen Mythologie war im Mittelmeerraum allgemein bekannt, und in der Situation des 218 v. Chr. bevorstehenden zweiten karthagisch-römischen Krieges bot sie Assoziationen, die in ihrer Aktualität kaum zu übersehen waren – in diesem Jahr zog nämlich ein neuer Herakles von Iberien über Gallien nach Italien, um dort einen neuen Cacus für seine Raffgier und seine Heimtücke zu strafen.

Auch wenn unsere Quellen diesen Zusammenhang nicht explizit herstellen, so ist es gut denkbar, dass Hannibal mit ebendieser Assoziation spielte, als er noch im Winter 219/218 v. Chr., im direkten Vorfeld seines Italienzugs, der Stadt Gades einen letzten Besuch abstattete. Gerade erst hatte er Sagunt erobert, woraufhin die Römer Karthago den Krieg erklärt hatten. In Neukarthago hatte der karthagische Feldherr zunächst noch einige Truppen gemustert, Einheiten von Iberien nach Afrika und umgekehrt verlegt, seinen iberischen Soldaten Heimaturlaub gegeben und sie verpflichtet, pünktlich im Frühjahr wieder zu ihm zu stoßen. Danach hatte er sich nach Gades begeben, von wo Jahre zuvor die barkidische Eroberung Iberiens ihren Ausgang genommen hatte und von wo jetzt das nächste barkidische Großprojekt starten sollte. In der Kolonie gab es ein Heiligtum für den phönikischen Gott Melqart, der in der griechischen Welt allgemein mit dem Heros Herakles gleichgesetzt wurde. Ihn bat Hannibal um seine Gunst für den anstehenden Feldzug gegen Rom, der den mythischen Herakles-Zug in auffälliger Manier nachbilden sollte.

Hannibal war sich der kulturellen Bezüge seiner Geste fraglos bewusst. Der Mythenkreis um Herakles gehörte zur Bildungskoiné der Oberschichten im Mittelmeerraum, und gerade in Gades, wo Hannibal Teile seiner Kindheit verbracht hatte, wird die Episode um die Geryon-Rinder präsent gewesen sein. Darüber hinaus hatte er durch seine griechischen Lehrer Silenos und Sosylos eine gut hellenistische Erziehung genossen. Vielleicht lässt sich sogar eine persönliche Nähe Hannibals zu Herakles bzw. Melqart konstatieren, auch wenn das Opfer in Gades sicherlich eher der öffentlichen Inszenierung geschuldet war als einer individuellen Frömmigkeit. Aber schon zuvor hatten die Münzen der Barkiden immer wieder Melqarts Büste gezeigt, die, wenn man wollte, auch als Portrait der Prägeherren interpretiert werden konnte. Damit stellte sich Hannibals Familie in eine Tradition von niemand Geringerem als Alexander dem Großen, der seinerzeit ebenfalls Herakles nachgeeifert hatte und auf dessen Münzen (genauso wie auf denen seiner Nachfolger) sich ebenfalls die angleichende Verschmelzung von König und Gott fand. Hannibal soll bezeichnenderweise eine Herakles-Statuette als Talisman getragen haben, von der es hieß, sie hätte einst Alexander gehört.

Die ideologische Rahmung, die Hannibal seinem Unternehmen durch das Melqart-Opfer gab, richtete sich nicht zuletzt nach außen. Spätestens seit dem unwürdigen Gezerre um Sagunt und den wechselseitigen Schuldzuweisungen war absehbar, dass der anstehende Krieg nicht allein auf dem Schlachtfeld entschieden würde. Wie sehr er auch noch nach der Eröffnung ein Propagandafeldzug blieb, zeigt sich daran, dass Hannibal nicht allein Soldaten, Techniker, Pioniere und Kundschafter in seinem Gefolge hatte, sondern auch Literaten und Historiker, die seine zu erwartenden Großtaten ins rechte Licht rücken sollten. Die Botschaft richtete sich vor allem an neutrale Mächte, von denen einige selbst schon Erfahrungen mit dem neuen Cacus Rom gemacht hatten, zum Beispiel die Makedonen, die die römischen Aktivitäten im Adriaraum mit wachsendem Argwohn beäugten, die griechischstämmigen Bundesgenossen Roms in Unteritalien oder die erst jüngst unter den römischen Einfluss geratenen Griechen auf Sizilien. Ihnen allen teilte Hannibal mit, dass er angetreten war, um die Raffgier und die Hinterlist Roms zu bestrafen – worunter in den letzten Jahren freilich insbesondere die Karthager zu leiden gehabt hatten, vom Ausbruch des ersten Krieges gegen Rom bis zum Ausbruch des aktuellen Konflikts.

In diesem Sinne richtete sich die Botschaft des Opfers in Gades, gleich einem Leitmotiv des Feldzugs, natürlich auch nach innen, an Hannibals Mitbürger in der Mutterstadt und an die eigenen Soldaten. Die Führungsposition Hannibals im karthagisch-barkidischen Heer war zwar unangefochten, und zusammen mit seinen Soldaten konnte er jahrelange Kampferfahrung und erfolgreiche Bewährungsproben in Iberien vorweisen; jetzt aber wartete auf Heer und Feldherr eine neue Art von Herausforderung, auf die die Soldaten eingestimmt werden wollten: Die Kämpfe mit den uneinigen und daher meist nicht sonderlich großen iberischen Stämmen waren zwar stets heftig gewesen, mit dem bevorstehenden Krieg gegen die riesigen römischen Legionen und ihre italischen Hilfstruppen aber kaum zu vergleichen, umso mehr, als Hannibal plante, den Krieg auf unbekanntem Terrain zu führen, nämlich direkt in Italien.

Dass Hannibal den Plan gefasst hatte, den Krieg von Anfang an nach Italien zu tragen, war kein wirklicher Geniestreich, denn hierzu gab es nach Lage der Dinge eigentlich keine Alternative. Die Karthager hatten aus der Erfahrung des ersten Krieges gegen Rom gelernt, in dem es ihnen auch deshalb nicht gelungen war, das lang andauernde strategische Patt auf Sizilien aufzulösen, weil sie entweder nicht bereit oder nicht in der Lage gewesen waren, den Krieg konsequent in Italien zu führen. Hannibal war dazu aber entschlossen. Damit wollte er zudem

Münze Hannibals mit Melqart-/Herakles-Büste

verhindern, dass die Römer die Bewegungsfreiheit bekamen, ihrerseits nach Afrika überzusetzen, wo sich die Karthager weiterhin nicht der unbedingten Loyalität ihrer Untertanen gewiss sein konnten. Dass Hannibal noch im Winter 219/218 v. Chr. eine Rochade afrikanischer und iberischer Truppen vorgenommen hatte, also ihm fraglos loyal ergebene Truppenteile ins direkte Umfeld seiner Mutterstadt verlegte, war nicht zuletzt diesem Misstrauen geschuldet.

Tatsächlich war Hannibals Sorge vor einer Afrikainvasion berechtigt, der römische Kriegsplan sah nämlich genau eine solche vor: Während der eine Konsul des Jahres 218 v. Chr., Publius Cornelius Scipio (der Vater des späteren Africanus), in Iberien die barkidische Herrschaft vernichten sollte, hielt sich der zweite Konsul, Tiberius Sempronius Longus, mit großen Kontingenten auf Sizilien bereit, um sich nach Afrika einzuschiffen. Dem musste Hannibal durch seinen Einfall in Italien unbedingt zuvorkommen. Wollte er aber nach Italien gelangen, stand ihm dafür nur der Landweg offen, hatten Karthago und die Barkiden doch in den letzten Jahren die Flottenrüstung vernachlässigt, sodass Rom sich weiterhin der noch im ersten karthagisch-römischen Krieg errungenen Überlegenheit zur See sicher sein konnte. Und an ebendieser Stelle, nicht im Beschluss eines Italienzugs an sich, lag die eigentliche Brillanz von Hannibals Plan.

Selbstverständlich ahnten die Römer, dass Hannibal nicht ruhig auf die Ankunft eines römischen Heeres in Iberien warten würde; sie gingen aber offenbar davon aus, dass der Karthager den Weg an der südgallischen Küste entlang und dann durch die vergleichsweise flachen südlichen Ausläufer der Seealpen einschlagen würde (oder vielleicht sogar musste). In diesem Fall, so das Kalkül, würde der Richtung Iberien marschierende Scipio ihn zwangsläufig irgendwo in Südgallien stellen und dem Spuk ein Ende setzen können, bevor der Krieg überhaupt richtig begonnen hätte – und vor allem: bevor Hannibal nach Italien gelangt wäre. Hannibal jedoch hatte das Zutrauen, von der scheinbar natürlich vorgegebenen Südroute ab- und über die Hochalpen auszuweichen. Ein solcher Alpenzug war ein Wagnis geradezu herkulischen Ausmaßes. Er folgte aber einem klaren Plan und war keine bloße Tollkühnheit. Ohnehin hatte Hannibal das Unternehmen mit der größten Sorgfalt vorbereitet. Noch bevor er sich zum Melqart-Opfer nach Gades begab (vielleicht sogar noch von Sagunt aus), ließ er eine Armee von Kundschaftern und Diplomaten ausschwärmen, um die Route vorzubereiten. Denn wollten die Karthager sich ihren Weg nach Italien nicht erst mühsam, zeitaufwändig und verlustreich freikämpfen, so waren Bündnisse mit jenen Völkern zu schließen, deren Gebiete sie zu passieren gedachten. Daneben waren Depots und Lager einzurichten, ortskundige Führer anzuwerben und für alpine Ausrüstung zu sorgen. Als Hannibal im Frühjahr von Gades nach Neukarthago zurückkehrte, wartete er die Berichte seiner Agenten ab. Erst als er Gewissheit über die erfolgreiche Durchführung aller Vorarbeiten hatte, konnte er seinen Feldzug im Frühjahr 218 v. Chr. endlich beginnen.

Hannibal standen anfangs 90 000 Mann Infanterie, 12 000 Reiter und 37 Kriegselefanten zur Verfügung. Sein Aufmarsch erfolgte über den Ebro und dann, die Pyrenäen passierend, nach Südgallien. Schon dorthin nahm der Feldherr nur noch 50 000 Infanteristen mit. Den Rest musste er als Garnisonen an den Pyrenäenpässen und in einzelnen Städten zurücklassen, oder aber er unterstellte sie seinem Bruder Hasdrubal, der an seiner statt die barkidische Kontrolle in Iberien aufrechterhalten sollte. Mit gebührendem Abstand vor Massalia, der mit Rom verbündeten südgallischen Griechenstadt, schwenkte Hannibal dann Richtung Norden und folgte der Rhône bis auf die Höhe des heutigen Beaucaire, wo er seine Armee den Fluss überqueren ließ. Dort hätte sein römischer Gegner Scipio ihn beinahe gestellt, der nur wenige Tage später in der Gegend des Rhônedelta ankam und in Massalia erfahren musste, dass Hannibal nur vier Tage zuvor durchgezogen war, offenbar auf der Suche nach einer Flussquerung.

Scipio sandte dem Karthager ein Aufklärungsgeschwader hinterher, das sich immerhin noch ein Scharmützel mit Hannibals Nachhut lieferte; die barkidische Hauptmacht holten die Römer jedoch nicht mehr ein. Und als sich die karthagische Armee nach dem Übergang über die Rhône nicht, wie erwartet, wieder Richtung Süden orientierte, sondern nach Norden weiterzog, erkannte Scipio, was Hannibal vorhatte – zu spät. Der Römer eilte nach Italien zurück. Hannibal indes marschierte flussaufwärts, bis er an der Mündung entweder der Drôme oder der Isère nach Osten schwenkte, auf die Alpen zu. Von diesem Punkt an herrscht Unklarheit über seine Route, die zwar von Polybios und Livius detailliert beschrieben wird (mutmaßlich auf karthagische Augenzeugen gestützt), aber trotzdem nicht sicher zu bestimmen ist. Selbst scheinbar so konkrete Angaben wie Marschdauern oder Distanzen sind oft weniger eindeutig, als sie auf den ersten Blick scheinen. Wie schnell eine Armee vorankam, lässt sich bestenfalls näherungsweise bestimmen, zumal wir im vorliegenden Fall die Route nicht kennen, womit sich die Gefahr von Zirkelschlüssen ergibt. Die häufigen Distanzangaben bei Polybios sind offenkundig gerundet, zudem ist fraglich, inwiefern sie auf genauen Vermessungen beruhen.

Ernsthaft zur Diskussion stehen auf Grundlage der Informationen drei Routen, wobei allerdings mit der Möglichkeit gerechnet werden sollte, dass Hannibal sein Heer gegebenenfalls auch aufgeteilt haben kann. Entweder folgte die Armee zunächst der Isère und dann dem Arc und gelangte so über den

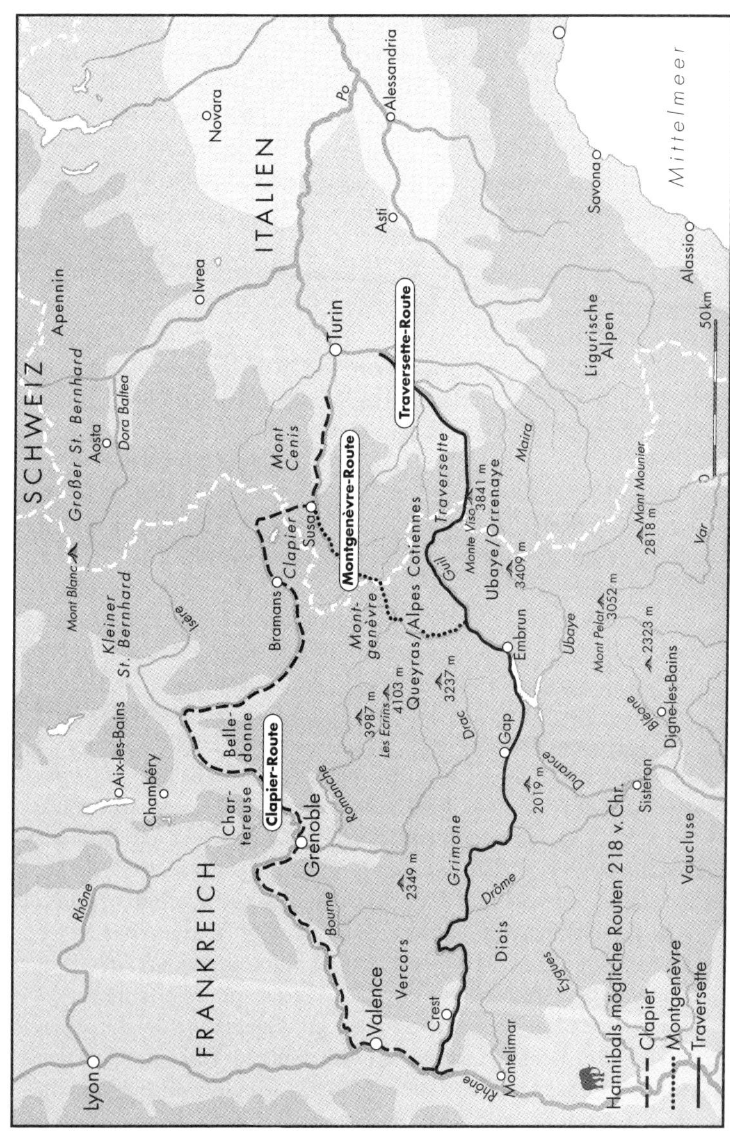

Mögliche Routen des Alpenübergangs 218 v. Chr.

Col de Clapier nach Oberitalien (der ebenfalls über die Isère anzulaufende Kleine Sankt Bernhard hingegen liegt wohl zu weit nördlich); oder Hannibal bog bereits an der Drôme nach Osten ab, gelangte über den Grimone-Pass zur oberen Durance und danach entweder über den Col de Montgenèvre oder über den Col de la Traversette in die Poebene. Die Traversette-Route kann seit einigen Jahren zusätzliche archäologische Evidenz beanspruchen, da am Pass größere Mengen an Kotresten gefunden wurden, unter anderem von Elefanten. Diese lassen sich grob um das Jahr 200 v. Chr. datieren.

Gänzlich unbeschadet ging Hannibals Armee aus diesem Abenteuer freilich nicht hervor. Die Quellen berichten von Angriffen feindlicher Stämme, von Verrat durch einheimische Führer, von schlechtem Wetter und vor allem von massiven Verlusten an Mensch und Material beim steilen Abstieg. Laut Polybios habe Hannibal bei der Ankunft in Italien nur noch auf 20 000 Soldaten und 6000 Reiter zurückgreifen können, wobei diese Zahlen dem Tatenbericht Hannibals entnommen sind, den er selbst Jahre später inschriftlich im Hera-Lacinia-Tempel im kalabrischen Kroton aufstellen ließ. Sollten die Zahlen korrekt sein, so war gut die Hälfte der ursprünglich in die Alpen eingestiegenen Soldaten entweder auf dem Weg gestorben oder desertiert. Wie viele der Elefanten die Strapazen überlebt haben, ist völlig unklar. Im Folgejahr 217 v. Chr. lebte jedenfalls nur noch ein einziges Tier.

Trotz allem, und das war die Hauptsache, stand Hannibal im Oktober 218 v. Chr. in Italien. Angesichts dieses Erfolgs wogen seine Verluste im Gebirge nicht übermäßig schwer, zumal sie mit neu rekrutierten Kelten ausgeglichen werden konnten. Das war von vornherein Teil des Alpenplans: Rom hatte in den letzten Jahren Krieg gegen die keltischen Stämme in Norditalien geführt, weshalb Hannibal darauf spekulierte, dass diese sich ihm anschließen würden, sobald er durch ihre Siedlungsgebiete zog und schlussendlich aus den Alpen direkt in die oberitalische Keltiké hinabstieg. Dass er nach seiner Ankunft auf Verstärkungen angewiesen sein würde, war abzusehen – und sein diesbezügliches Kalkül ging auf. Direkt nach dem Abstieg schlossen sich ihm die Stämme der Boier, Insubrer und Tauriner an (Letztere bedurften freilich etwas aktiver Überzeugungsarbeit). Später, nach den ersten siegreichen Schlachten, wechselten auch etliche zunächst auf römischer Seite kämpfende Kelten die Fronten, und Hannibal sandte die Überläufer in ihre Heimat, wo sie um weitere Unterstützung werben sollten. Die in den Alpen erlittenen Verluste ließen sich dadurch ausgleichen, und so verfügte Hannibal schlussendlich über ein satisfaktionsfähiges Heer.

Darüber hinaus war er durch seinen Coup strategisch in die Offensive gelangt. Der Kriegsplan Roms fiel wie ein Kartenhaus in sich zusammen. Scipio war gezwungen, nach Italien zurückzukehren, hatte seine Truppen aber seinem Bruder Gnaeus übergeben, der sie, dem ursprünglichen Auftrag gemäß, nach Iberien führte. Diese Truppen fehlten nun in Italien, weshalb Scipio dort auf Legionen zurückgriff, deren eigentliche Aufgabe es war, die oberitalischen Kelten in Schach zu halten, die dadurch eines gewissen Drucks entledigt waren und umso einfacher zu den Karthagern überlaufen konnten. Zu guter Letzt sahen sich die Römer angesichts des Auftauchens von Hannibal gezwungen, die Hauptmacht ihrer Armee von Sizilien zurückzurufen und nach Oberitalien zu schicken. Die Gefahr einer römischen Afrikainvasion, Hannibals Hauptsorge, war damit auf unbestimmte Zeit gebannt. Dass der karthagisch-römische Krieg 16 Jahre später wirklich in Afrika entschieden werden sollte (und eben nicht in Italien oder in Iberien), spricht im Hinblick auf die Fundiertheit seiner Sorge Bände.

So weit war es aber noch lange nicht. Zunächst einmal war 218 v. Chr. lediglich die Bühne bereitet für einen der bedeutendsten Kriege der Weltgeschichte. Herakles stand in Italien und hatte dort die Initiative an sich gerissen. Ob es ihm aber gelingen würde, den räuberischen Cacus zur Rechenschaft zu ziehen, war noch keineswegs ausgemacht.

VI. Erfolge und Fehlkalkulationen: Vor und nach Cannae

Am 2. August 216 v. Chr. türmten sich auf dem Schlachtfeld im apulischen Cannae die Leichen. Hannibal hatte soeben ein riesiges römisches Heer vernichtet. 60 000 bis 70 000 Soldaten – römische Legionäre und italische Bundesgenossen – waren gefallen, unter ihnen einer der beiden Konsuln und an die 100 Senatoren. Es war eine Niederlage, wie sie die Römische Republik noch nicht erlebt hatte. In Rom reagierte man auf die Nachrichten aus Süditalien hektisch. Sofort rief der Senat die wenigen in der Nähe verfügbaren Truppen herbei, musterte alle Bürger ab dem Alter von 17 Jahren und versetzte die Stadt notdürftig in Verteidigungsbereitschaft. Für wie ernst man die Lage hielt, zeigt sich unter anderem daran, dass einstmals erbeutete Waffen ausgegeben wurden, die als Trophäen vergangener Siege eigentlich längst die Häuser römischer Adliger schmückten. Im Glauben, die Gunst der Götter verloren zu haben, vollzogen die Römer sogar ein Menschenopfer. Der Tag der Niederlage selbst sollte im römischen Kalender fortan als ‹Schwarzer Tag› *(dies ater)* gelten, an dem aufgrund des unheilschwangeren Charakters des Datums alle öffentlichen Geschäfte zu ruhen hatten.

Obwohl die Römer nach der Katastrophe von Cannae also mit dem Schlimmsten rechneten, kamen sie noch einmal mit dem Schrecken davon. Wider Erwarten nutzte Hannibal seinen Sieg nicht, um auf Rom zu marschieren, obwohl es Stimmen in seinem Stab gab, die ihm dazu rieten. Der numidische Reiterführer Maharbal soll den Feldherrn geradezu bedrängt haben, ihn mit der Kavallerie vorauszuschicken, um Rom im Sturm zu erobern: Noch bevor die Römer überhaupt wüssten, wie ihnen geschah, würde Hannibal sein Siegesbankett auf dem römischen Kapitol abhalten (Livius XXII 51,2). Hannibal schlug diesen Rat jedoch in den Wind, sei es, weil ihn im Moment des größten Glücks die Courage verlassen hatte, sei es, weil er vor einer Belagerung der italischen Hauptstadt zurückschreckte, sei es, weil er meinte, dass er den Römern angesichts ihrer krachenden Niederlage ohnehin einen Frieden abringen könnte. Jedenfalls sandte Hannibal einen Unterhändler Richtung Rom, um dort ein Friedensangebot zu unterbreiten. Der römische Senat befahl dem Gesandten aber noch auf seinem Weg in die Stadt, das römische Territorium gefälligst bis Sonnenaufgang wieder zu verlassen. Trotz ihrer ersten Panik waren die Römer weiterhin entschlossen, zu kämpfen. Das Momentum nach der Schlacht von Cannae war für Hannibal damit verstrichen, und Maharbal soll das Versäumnis seines Vorgesetzten mit einer gehörigen Portion Sarkasmus kommentiert haben: «Zu siegen verstehst Du, Hannibal; aber den Sieg zu nutzen, das verstehst Du nicht.» (Livius XXII 51,4)

Dieses Zitat des Maharbal ist eines der bekanntesten Bonmots aus Hannibals Umfeld. Ausgerechnet im sonst so detaillierten Bericht des Polybios findet es sich jedoch nicht, sondern erst in der römischen Annalistik. Das setzt es dem Verdacht aus, das vorgebliche strategische Versagen des karthagischen Generals aus einer erst späteren Perspektive heraus zu kommentieren. Denn eines wurde notwendigerweise nur *ex post* klar: Der Sieg von Cannae markierte, wiewohl schon früh im Laufe des zweiten karthagisch-römischen Krieges errungen, bereits den Höhepunkt von Hannibals Schlachtenglück; dieser Erfolg war der Wendepunkt. So nah wie 216 v. Chr. kam der Karthager dem Sieg nie wieder.

a) Die Zeit der großen Siege: 218–216 v. Chr.

Noch 218 v. Chr., unmittelbar nach Hannibals Abstieg in die Poebene, war es zu den ersten beiden Aufeinandertreffen mit den Römern gekommen. Zunächst schlug Hannibal den Konsul Scipio, der seinen Gegner am Fluss Ticinus gestellt hatte, um den Zuzug keltischer Soldaten zu dessen Heer zu unterbinden. Die Verluste in diesem Gefecht waren auf beiden Seiten gering, trotzdem misslang es Scipio, der zudem im Kampf verwundet wurde, Hannibal aufzuhalten. Die Legionen des zweiten Konsuls Sempronius Longus konnten Hannibal einige Wochen später ebenfalls nicht stoppen und erlitten in der Schlacht an der Trebia bereits deutlich schwerere Verluste. Hannibal hatte sich in Norditalien festgesetzt.

Schon in diesen ersten beiden Aufeinandertreffen zeigte sich, wie Hannibal gedachte, den Römern beizukommen: Die Siege fußten auf dem Einsatz seiner überlegenen Reiterei, zu der Hannibal aus seiner Frühzeit als Unteroffizier des Hasdrubal vielleicht noch besonders enge Beziehungen hatte. Die Römer hingegen, das hatten die Keltenkriege der letzten Jahre gezeigt, hatten ihre Kavallerie zugunsten der Infanterie stark vernachlässigt. Die römischen und italischen Reiter hatten gerade den numidischen Reitereinheiten in Hannibals Heer nichts entgegenzusetzen. Diese waren zahlenmäßig überlegen, bestens trainiert und über die Maßen diszipliniert. So ließen sie sich weder an der Trebia noch später in Cannae vom Hauptgeschehen forttragen, indem sie fliehende Feinde verfolgten, sondern machten sich jeweils unmittelbar daran, im Gefecht den eigenen Fußtruppen zur Unterstützung zu eilen. Ein anderes Charakteristikum von Hannibals Kriegführung war, dass er immer wieder erfolgreich Hinterhalte legte. Das wurde von seinen Gegnern zwar immer wieder als Bestätigung ihrer Vorurteile über die ‹tückischen Punier› kritisiert, grundsätzlich war die Kriegslist an sich aber auch bei den Römern nicht verpönt; was Hannibal in diesem Punkt eigentlich vorgeworfen wurde, war, dass er kein Römer war.

Hannibal erwies sich für die Römer in der Tat schon im Folgejahr 217 v. Chr. einmal mehr als unberechenbar. Nachdem der Winter das erste Kampagnenjahr beendet hatte, wollten sie Hannibal den weiteren Vormarsch Richtung Süden abschneiden. Dazu sandte Rom die beiden Konsuln des Jahres 217 v. Chr. mit ihren Armeen einmal in die Gegend vom heutigen Rimini und einmal zum heutigen Arezzo. Aus diesen Stellungen heraus sollten ihre Heere den Karthager beim Vorstoß nach Süden stellen und ihn, wenn möglich, gemeinsam besiegen. Wie beim

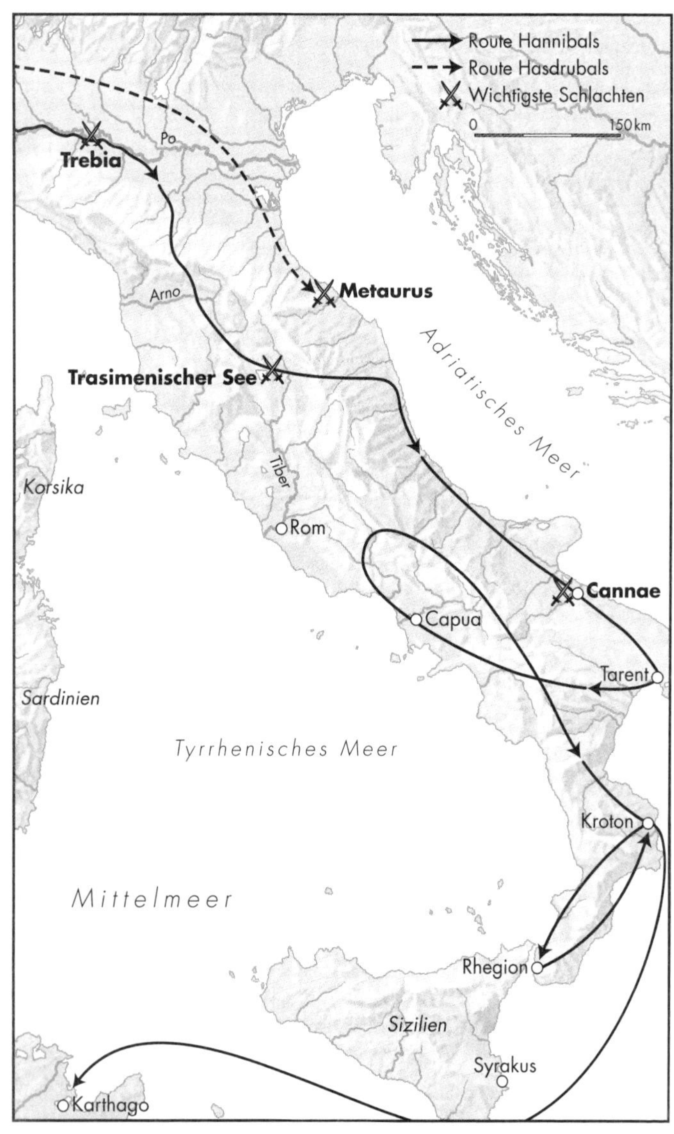

Hannibals Feldzug in Italien

Alpenübergang wich Hannibal seinen Feinden jedoch aus. Wesentlich früher als erwartet und deutlich weiter nördlich als angenommen, überschritt er den Apennin, marschierte rasch durch Etrurien südwärts, überholte dadurch die beiden Abfangheere und drängte den römischen Konsul Gaius Flaminius in die Rolle des Verfolgers, ohne dass der auf den Zuzug des zweiten Heeres unter Gnaeus Servilius Geminus hätte warten können. Am Trasimenischen See legte Hannibal dann einen Hinterhalt. In einer schmalen Uferpassage musste Flaminius seine Formation in die Länge ziehen, was Teile von Hannibals Truppen, die sich entlang der Strecke in einem Wald verborgen hielten, nutzten, um die arglosen Legionen zu attackieren, während andere karthagische Truppenteile ihnen den Rückzug abschnitten. Zusammen mit dem Konsul Flaminius fielen 15 000 Römer und römische Bundesgenossen, eine kaum geringere Zahl geriet in Gefangenschaft. Der zweite Konsul Servilius, den im Herannahen erste Nachrichten von einer Schlacht erreichten, sandte seinem verlorenen Amtskollegen – davon wusste Servilius freilich noch nichts – seine Reiterei zur Unterstützung; diese wurde von Maharbal abgefangen und vernichtet.

Für Hannibal waren diese ersten Erfolge zweifellos erfreulich. Nichtsdestoweniger brachten sie ihn dem Sieg nicht wirklich näher. Die Römer waren äußerst resilient, konnten Rückschläge gut wegstecken. Das hatten sie immer wieder unter Beweis gestellt, nicht allein im ersten Krieg gegen Karthago, sondern noch eindrücklicher einige Jahre davor im Ringen mit König Pyrrhos von Epiros, der nicht zuletzt am beständigen römischen Unwillen gescheitert war, auf Niederlagen mit Verhandlungsbereitschaft zu reagieren. Es würde daher mehr brauchen als bloß *eine* Schlacht am Trasimenischen See, um Rom in die Knie zu zwingen. Das dürfte Hannibal schon geahnt haben, bevor die Römer seinen Unterhändler sogar noch im Angesicht einer Katastrophe wie der von Cannae nicht einmal empfangen wollten.

Die römische Verbohrtheit war für Hannibal ein großes Problem, denn beliebig oft würde er seine großen Schlachtenerfolge nicht wiederholen können. Alle Quellenangaben zu den Truppenstärken im zweiten karthagisch-römischen Krieg zeigen, dass Hannibal niemals mehr als 50000 Soldaten aufbieten konnte. Rom und seine Bundesgenossen hingegen, das wurde aus einer Erhebung 225 v. Chr. deutlich, konnten zu Kriegsbeginn auf einen Pool von insgesamt etwa 700000 Mann zurückgreifen – und im Gegensatz zu Hannibal, der Verstärkungen immer erst aus Iberien oder dem Voralpenraum heranführen musste, waren die römischen Truppen auf dem italischen Kriegsschauplatz sofort verfügbar. Sooft Hannibal auch siegte, jedes Mal schien es, als würden seinen Feinden neue Legionen, gleich den abgeschlagenen Köpfen einer Hydra, einfach nachwachsen. Er selbst hingegen konnte sich nicht einmal eine einzige größere Niederlage leisten, hätte eine solche seine Position in Italien doch fast unmittelbar unhaltbar gemacht.

An diesem Punkt setzte Hannibals Kriegsplan an. Er musste das überlegene römische Rekrutierungsreservoir erschöpfen und trockenlegen, um so letztlich einen finalen und derart überwältigenden Sieg zu erringen, dass Rom schlussendlich doch die Lust (und vor allem die Möglichkeit) verging, den Krieg fortzusetzen. Die Mittel dazu waren hauptsächlich diese: Zum Ersten bemühte sich Hannibal, neutrale Staaten der weiteren Mittelmeerwelt in den Konflikt mit Rom hineinzuziehen, um die Römer in einen Mehrfrontenkrieg zu verwickeln. Zum Zweiten zielte er darauf, das römische Bundesgenossensystem auszuhöhlen, also Roms italische Alliierte, die immerhin gut die Hälfte der römischen Armeen stellten, zum Bündniswechsel zu bewegen. Zu diesem Zweck inszenierte er sich von Anfang an als Befreier der italischen Stämme und Städte. Nach siegreichen Schlachten ließ er beispielsweise alle Kriegsgefangenen ohne römisches Bürgerrecht direkt wieder frei, nicht ohne zu betonen, dass sein Krieg ausschließlich den Römern gelte, nicht aber Italien *per se* (Polybios III 77,4–7).

Ein drittes Mittel zur Ausdünnung des römischen Wehrpotentials waren natürlich die großen Schlachten mit Tausenden von Toten. Diese waren jedoch auch für Hannibal relativ risikoreich, weil das Damoklesschwert der entscheidenden Niederlage über seinem Kopf letztlich lockerer hing als über dem der

Römer, war er es doch, der isoliert auf feindlichem Territorium operierte. Daher musste ihm daran gelegen sein, die Entscheidung möglichst schnell herbeizuführen, umso mehr, als ihn seine spezifische Position als Feind im Feindesland vor die ungleich größere Herausforderung stellte, sein Heer zu versorgen – zumal er nicht auf umfängliche Plünderungen setzen konnte, wenn er gegenüber den Bundesgenossen Roms als Befreier erscheinen wollte. Nachdem Hannibal den Krieg nach Italien getragen hatte, arbeitete die Zeit also gegen ihn. Jedes Jahr, das die Römer überstanden, machte seine Position prekärer.

In Rom hatten einige Senatoren Hannibals strategische Probleme durchaus erkannt, vor allem Quintus Fabius Maximus Verrucosus, der 217 v. Chr., nachdem der eine Konsul gefallen und der andere durch den Verlust seiner Reiterei zur Untätigkeit verdammt war, zum Dictator ernannt wurde. Dabei handelte es sich um ein zeitlich begrenztes Sonderamt, auf das Rom zurückgriff, um in besonderen Krisensituationen handlungsfähig zu bleiben. Maximus war schon dreimal Konsul gewesen und entsprechend kriegserprobt; auch sein Stellvertreter im Amt des Reiteroberst *(magister equitum)*, Marcus Minucius Rufus, hatte bereits ein Konsulat hinter sich. Eine Krisensituation war mit der Schlacht am Trasimenischen See zweifellos gegeben, immerhin schien Hannibal als Folge davon der Weg nach Rom offen zu stehen, den er aber bereits in dieser Situation, ein Jahr vor Cannae, nicht einschlug. Der Karthager wandte sich stattdessen Richtung Südosten, nach Apulien und Kampanien.

Maximus folgte ihm, vermied dabei aber jegliche voreilige Schlacht. Eine abermalige Niederlage wollte sich Rom nicht erlauben. Stattdessen versuchte der Dictator, Hannibal an seiner empfindlichsten Stelle zu treffen, der Versorgung seines Heeres und dem Werben um Unterstützung bei den italischen Gemeinwesen. Maximus blieb Hannibal auf den Fersen, schränkte ihn in seiner Bewegungsfreiheit ein und verwickelte gerade seine Fourageure immer wieder in kleinere Scharmützel. Das vorsichtige Vorgehen trug ihm den Beinamen Cunctator (‹Zauderer›) ein, wobei diesem später oft als ehrenvoll aufgefassten Namen zumindest zeitgenössisch eine gewisse Kritik innewohnte: Trotz (oder gerade wegen) der Niederlagen im Frühjahr drängten einflussreiche Kreise in Rom weiterhin auf eine rasche Entscheidung. Das war angesichts der Gefahr, die Hannibals bloße Anwesenheit für Rom und für das römische Bundesgenossensystem bedeutete, durchaus verständlich. Hannibal heizte die aufkommende Missstimmung der Römer gegen den Dictator noch zusätzlich an, indem er dazu überging, seinen Gegner durch gezielte Verheerungen (von denen er die Landgüter des Maximus bewusst ausnahm) aus der Reserve zu locken.

Tatsächlich fand der Cunctator noch eine Gelegenheit, um in für ihn günstigem Gelände den vielleicht entscheidenden Schlag zu wagen. Durch eine List konnte Hannibal aber gerade noch verhindern, dass Maximus ihn im kampanischen Volturnus-Tal festsetzte: Mit einer Rinderherde, die er in der Nacht mit brennenden Fackeln versehen durch eine Engstelle treiben ließ, verleitete er einen römischen Wachposten zum Verlassen seiner Stellung, womit sich dem karthagischen Heer ein Weg zur Flucht nach Apulien öffnete. Dieser Fehlschlag desavouierte den Cunctator bei seinen Landsleuten vollends. Sie ernannten daraufhin – ein absolutes Novum – Maximus' *magister equitum* zum gleichrangigen Dictator. Dieser, Rufus, trat für eine deutlich offensivere Vorgehensweise ein, was wiederum Hannibal in die Karten spielte, der dadurch die Initiative zurückerlangen konnte. Er verwickelte Rufus in eine Schlacht, aus der ausgerechnet Maximus ihn in höchster Not entsetzen musste.

Damit endete das Kriegsjahr 217 v. Chr., freilich ohne, dass die Römer die richtigen Schlüsse gezogen hätten. Während der Cunctator nämlich richtig erkannt hatte, dass die Zeit für die Römer arbeitete, hatte das voreilige und unvorsichtige Vorgehen des Rufus um Haaresbreite zur Niederlage geführt. Es musste Hannibal im Folgejahr also darum gehen, die Römer einmal mehr zur Schlacht zu provozieren. Daher bemächtigte er sich Anfang 216 v. Chr. eines wichtigen römischen Nachschubdepots in der Nähe von Cannae. Die Römer, die fest entschlossen waren, dem karthagischen Spuk in Italien endlich ein Ende zu setzen, reagierten. Sie sandten beide Konsuln, Lucius Aemilius Paullus und Gaius Terentius Varro, mit einer riesigen Armee von acht Legionen, verstärkt durch bundesgenössische Kontingente, nach Süden. Nicht weniger als 80 000 Infanteristen und 6000 Reiter sollten Hannibal den Garaus machen, der seinerseits lediglich auf 40 000 Infanteristen zurückgreifen, dafür aber seine nach wie vor überlegene Reiterei ins Treffen schicken konnte.

Diese Zahlenverhältnisse bestimmten die Taktiken in der Schlacht. Die Römer hatten sich in ein Gelände locken lassen, das es Hannibal ermöglichte, seine Reiterei zur Entfaltung kommen zu lassen. Sie mussten daher die schnelle Entscheidung im Kampf der Fußtruppen herbeiführen, bevor die Kavallerie eingreifen konnte. Hannibals Truppen hingegen mussten dem Druck der römischen Infanterie so lange standhalten, bis von den Flügeln her die Reiterei Entlastung bringen würde. Hannibal nutzte diese Ausgangslage für ein zwar gewagtes, letztlich aber schlachtentscheidendes Manöver: Seine schwächeren Fußtruppen, Iberer und Kelten, stellte er ins Zentrum, wobei er ihre Linien etwas Richtung der Römer bog, um diese zu ermuntern, gerade dort die Entscheidung zu suchen. Tatsächlich gingen die römischen Aufgebote machtvoll gegen die karthagischen Hilfstruppen im Zentrum vor, die dabei aber Schritt für Schritt zurückwichen, ihre den Feinden ursprünglich bogenförmig zugewandte Linie unmerklich in einen Trichter umkehrten und die Römer damit in die Falle lockten. Denn während die römischen Legionen zwar vorrückten, aber keinen Durchbruch erzielten, wurden sie mit einem Mal von den kampferprobten karthagischen Fußtruppen, die Hannibal an den Rändern seiner Infanterielinien platziert hatte, von den Seiten angegriffen.

Die Römer konnten ihre zahlenmäßige Übermacht dadurch nicht mehr ausspielen; gleichzeitig schlug die numidische Kavallerie die römischen Reiter aus dem Feld und fiel daraufhin der römischen Infanterie in den Rücken. Hannibal hatte den Kessel geschlossen, und nur wenige Römer, unter ihnen der Konsul Varro, entkamen dem nun einsetzenden Gemetzel. Der andere Konsul, Aemilius Paullus, der noch vor der Schlacht gewarnt haben soll, fiel hingegen – es sollte sein Enkel sein, der siebzig Jahre später im dritten karthagisch-römischen Krieg Karthago

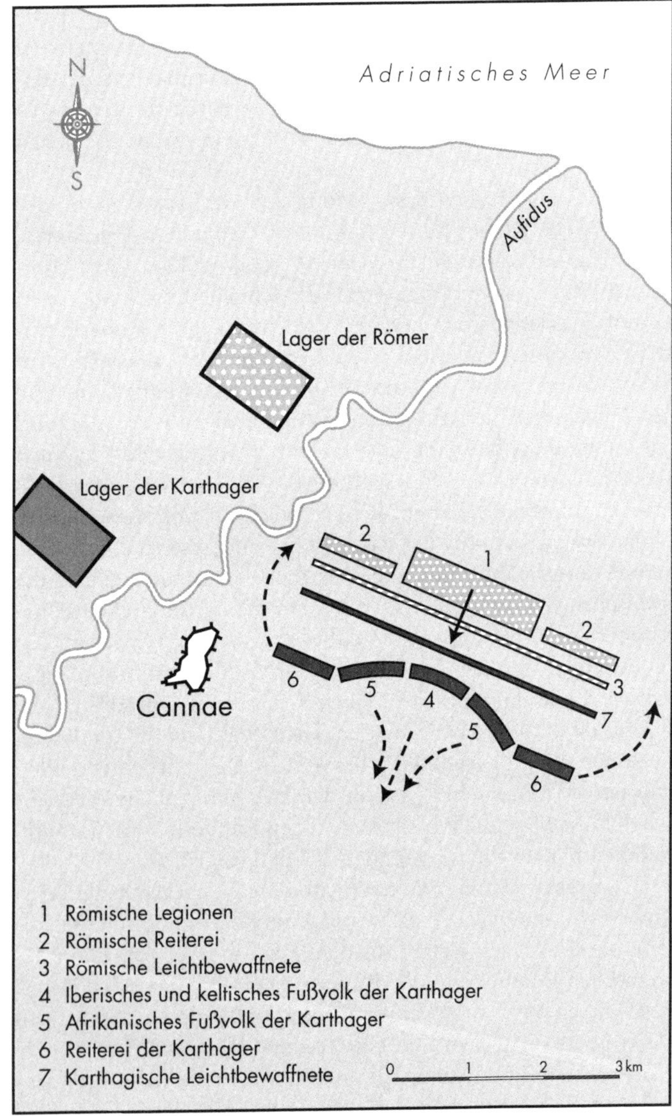

Schema der Schlacht von Cannae 216 v. Chr.

zerstörte. Für den Moment jedoch schien der Sieg vollkommen. Was immer Hannibal jetzt aber leitete: Es sollte sich als fatale Entscheidung erweisen, die Hauptstadt seiner Feinde in dieser Situation zu schonen. Dass Rom grundsätzlich keine uneinnehmbare Festung war, davon ging nicht nur Hannibals Reitergeneral Maharbal aus, sondern sogar die Römer selbst, die im ersten Schreck nach Cannae fest damit gerechnet hatten, dass die Karthager sich gegen die Stadt richten würden. Was bewegte Hannibal also, darauf zu verzichten?

Rom lag weit entfernt von Cannae, sodass Hannibal den Römern *nolens volens* etwas Zeit für die Vorbereitungen zur Verteidigung hätte einräumen müssen, bevor er mit seiner Armee vor der Stadt stehen konnte. Maharbals Vorschlag, die Kavallerie vorauszuschicken, erschien kaum hilfreich, denn es war wenig realistisch, dass die Numider ohne Widerstand direkt aufs Forum würden reiten können – so schlecht befestigt war Rom dann doch nicht. Damit war eine längere Belagerung mit ungewissem Ausgang zu befürchten. Vor dieser scheute Hannibal aber aus mehreren Gründen zurück: Zum einen hätte der notwendigerweise ortsfeste Aufenthalt seiner Truppen das schon bei den bisherigen Streifzügen durch das Land evidente Versorgungsproblem noch einmal verschärft. Zum anderen hätten die Karthager den Druck auf die römischen Bundesgenossen aufgeben müssen, deren Abfall zunächst das vorrangige Ziel des Barkiden blieb. Und schlussendlich war Hannibal zwar ein brillanter Feldherr, aber die Belagerungskunst gehörte gerade nicht zu seinen Paradedisziplinen. Schon am kleinen Sagunt hatte er sich acht Monate lang die Zähne ausgebissen und soll dabei auch noch ernsthaft verwundet worden sein.

Hinzu kam etwas anderes: Selbst wenn Hannibal mit der Schonung Roms möglicherweise gerade die Chance seines Lebens verpasste, konnte er das im August 216 v. Chr. schwerlich ahnen. Faktisch entwickelten sich die Dinge nämlich gerade ausgesprochen günstig, vor allem was Hannibals ursprünglichen Kriegsplan betraf, schlossen sich ihm im Angesicht der Katastrophe Roms doch immer mehr römische Bundesgenossen an. Dazu gehörte mit dem kampanischen Capua die zweitmächtigste Stadt in Italien; etliche Städte in Samnium, Bruttium, Lukanien und Apulien gesellten sich hinzu. Gleichzeitig kam es zu Verhandlungen mit potentiellen auswärtigen Verbündeten: Mit dem Makedonenkönig Philipp V. schloss Hannibal 215 v. Chr. ein Beistandsbündnis. Philipp sollte eine weitere Front in Griechenland eröffnen, um dort römische Truppen zu binden. Im selben Jahr starb im sizilischen Syrakus zudem Hieron II., der seit dem ersten karthagisch-römischen Krieg ein treuer Verbündeter Roms war; sein Enkel und Nachfolger Hieronymus hingegen wechselte ins karthagische Lager.

b) Die Zeit der Abnutzung: nach 216 v. Chr.

Diese für Hannibal erfreulichen Entwicklungen sollten freilich Momentaufnahmen bleiben. Je länger der Krieg dauerte, umso mehr wandte sich das Glück gegen ihn. Sein Plan, Rom in einem zweiten Krieg im Osten zu erschöpfen, war nicht von Erfolg gekrönt, weil es den Römern rasch gelang, in Griechenland eine antimakedonische Allianz zu schmieden, die die Kriegführung gegen Philipp V. weitgehend übernahm. Erst 206 v. Chr. konnte der Makedonenkönig seine Gegner schlagen; danach war seine Lust auf Abenteuer fürs Erste gestillt, und er schloss 205 v. Chr. einen Separatfrieden mit Rom. In Syrakus wurde der prokarthagische Hieronymus kaum ein Jahr nach seinem Herrschaftsantritt ermordet, woraufhin es zu Konflikten um die weitere Ausrichtung der Stadt kam. Die Römer klärten diese Konflikte 212 v. Chr., als Syrakus durch den römischen Feldherrn Marcus Claudius Marcellus nach längerer Belagerung erobert wurde (der berühmte Gelehrte Archimedes hatte die Römer mit seinen technischen Kabinettstückchen zuvor fast zur Verzweiflung getrieben).

Auch die nach Cannae zunächst anschwellende Absetzbewegung der Bundesgenossen von Rom verebbte rasch. Ohnehin war sie von vornherein auf Süditalien beschränkt geblieben. Die enger mit den Römern verwandten latinischen und etruskischen Gemeinden in Zentralitalien standen jedenfalls loyal zu Rom, und noch nicht einmal in Süditalien konnte Hannibal einen gänzlich geschlossenen Machtbereich schaffen, da auch die Sabiner und ein bedeutender Teil der Kampaner der Römischen Republik treu blieben. Dazu trug bei, dass Hannibal sich mehrfach nicht in der Lage zeigte, die Abgefallenen vor römischen Wiedereroberungsbemühungen zu schützen. So hatte sich Rom 212 v. Chr. an die Belagerung von Capua gemacht, die Hannibal nicht einmal dadurch brechen konnte, dass er endlich doch noch (freilich nur zum Schein) auf Rom marschierte und die Römer damit zum später sprichwörtlichen Ausruf *Hannibal ad portas* veranlasste. Der Prokonsul Appius Claudius Pulcher nahm Capua 211 v. Chr. schließlich ein und verhängte ein grausames Strafgericht über die Bewohner, die sich in ihrem Vertrauen auf Hannibals Stärke (oder Roms Schwäche) fatal getäuscht sahen. Diesem Risiko mochten sich andere Verbündete nicht aussetzen, zumal Rom auch weitere Städte zurückeroberte, so 209 v. Chr. das apulische Tarent, dem Hannibal ebenfalls erfolglos zu Hilfe geeilt war.

Hinsichtlich der Bundesgenossen hatte sich Hannibal also verkalkuliert. Und nicht nur, dass sein Plan, sie zum Abfall zu bewegen, für nur einen begrenzten Zeitraum überhaupt einigermaßen funktioniert hatte – die abgefallenen Städte behinderten ihn sogar. Die Römer, die nach Cannae doch noch zur Einsicht gelangt waren, der Taktik des Cunctator zu folgen – er brachte es 215, 214 und 209 v. Chr. zu drei weiteren Konsulaten –, vermieden von nun an Konfrontationen mit Hannibal. Sie griffen stattdessen immer wieder seine neuen Verbündeten an, womit sie ihn nach und nach in die Defensive drängten. Bei alldem profitierte er noch nicht einmal von den Überläufern, da diese ihm in der Regel keine Truppen stellten, gehörte doch zu seiner Freiheitspropaganda, dass er neue Verbündete nicht zur Stellung von Mitkämpfern zwang. In ihrem Bündnisvertrag mit Hannibal ließen sich die Einwohner von Capua jedenfalls ausdrücklich versichern, dass sie genau dazu nicht verpflichtet sein sollten. Statt das Rüstungspotential des Karthagers zu stärken, banden die fortan vor Rom zu schützenden Städte also wertvolle Kräfte. Die Römer hingegen rüsteten immer stärker auf und konnten nur wenige Jahre nach Cannae 22 Legionen ins Feld schicken: gut 100 000 Soldaten, hinzu kam eine ähnliche Zahl an verbündeten Hilfstruppen.

Diese Entwicklung war für Hannibal umso gefährlicher, als sein Nachschub an Truppen und Material immer wieder stockte. Die einzige sichere Nachschubbasis war Iberien, da einer regelmäßigen Versorgung von Nordafrika aus die Seeüberlegenheit Roms entgegenstand; die norditalischen Kelten hingegen erwiesen sich immer wieder als unzuverlässige Bündnispartner. In Iberien führten aber seit 218 v. Chr. die beiden Brüder Gnaeus und Publius Cornelius Scipio Krieg gegen Hannibals Bruder Hasdrubal. Schon 217 v. Chr. hatten sie die Landverbindung nach Gallien unterbrechen können, nicht zuletzt dadurch, dass sie in Iberien genau das taten, was Hannibal seinerseits in Italien versuchte, nämlich dem Gegner die Verbündeten abspenstig zu machen. Im Folgejahr verhinderten die Römer sogar, dass Hasdrubal mit seinen Truppen zur Unterstützung seines Bruders nach Italien ziehen konnte, was dem Krieg vielleicht eine entscheidende Wendung gegeben hätte. Nicht mehr als ein Hoffnungsschimmer für die Karthager war, dass sie beide Scipionen 211 v. Chr. innerhalb nur weniger Wochen schlagen konnten; sowohl Publius als auch Gnaeus fanden dabei den Tod.

Doch ausgerechnet in dieser für Rom so heiklen Situation schlug die Stunde des späteren Scipio Africanus. Gerade einmal 25 Jahre alt und ohne offizielles Amt, wurde er vom Senat als Nachfolger für seinen gefallenen Vater und seinen Onkel nach Iberien geschickt. Ob der Grund dafür wirklich war, wie die Quellen später behaupteten, dass sich sonst niemand für das vorgebliche Himmelfahrtskommando bereit erklärt hätte, ist sehr fraglich. Wahrscheinlicher ist, dass man in Rom aus der karthagischen Iberienpolitik, die in erster Linie immer eine barkidische Iberienpolitik gewesen war, den zutreffenden Schluss gezogen hatte, dass die Loyalität potentieller Verbündeter nach acht Kampagnenjahren der Scipionen in Iberien eher deren Familie als der Römischen Republik als solcher gelten musste. In der Tat konnte der junge Scipio seine Position auf der Halbinsel rasch konsolidieren, und 209 v. Chr. gelang ihm ein regelrechter

Coup: Während die Barkiden, auf drei Verbände aufgeteilt, die wichtigen Wirtschaftsräume im Landesinnern im Auge behielten, besetzte er im Handstreich ihre iberische Hauptstadt Neukarthago und beraubte die Karthager damit ihres wichtigsten Hafens, ihrer Kriegskasse, zahlreicher Depots und ihrer iberischen Geiseln.

In der Folge brachte Scipio seinem Gegner Hasdrubal 208 v. Chr. im südiberischen Baecula auch eine Niederlage in offener Feldschlacht bei. Damit waren die Barkiden nicht nur in Italien, sondern auch in Iberien in die Defensive gedrängt. In dieser Lage setzten sie alles auf eine Karte. Hasdrubal erzwang endlich den Schritt über die Alpen und stand im Frühjahr 207 v. Chr. in Italien, bereit, seine Truppen mit denen seines Bruders zu vereinen. Dazu versuchte er, Kontakt zu Hannibal herzustellen, aber seine Boten wurden von den Römern abgefangen und verrieten den Plan. Der gegen Hannibal in Süditalien im Feld liegende Konsul Gaius Claudius Nero setzte sich daraufhin heimlich und in großer Eile nach Norden ab. Dort vereinigten nun nicht etwa die Barkiden ihre Kontingente, sondern die römischen Konsuln. Nero und sein Amtskollegen Marcus Livius Salinator stellten Hasdrubal gemeinsam am Fluss Metaurus zur Schlacht und besiegten das Heer des Karthagers. Das Letzte, was Hannibal von seinem Bruder sah, war dessen abgeschlagener Kopf, den die Römer vor sein Feldlager schleuderten (Livius XXVII 51,11).

Hannibal zog sich daraufhin nach Bruttium zurück, in den äußersten Süden Italiens, wo er fortan zur weitgehenden Tatenlosigkeit verdammt war. Spätestens von diesem Zeitpunkt an konnte er mit Hilfe von außen nicht mehr rechnen, auch wenn er die Makedonen über Gesandte noch mehrfach bat, ihre Angriffe auf die Römer wieder aufzunehmen. In Iberien wagten 206 v. Chr. die karthagischen Statthalter Mago (ein weiterer Bruder Hannibals) und Hasdrubal (der Sohn eines Gisko) bei Ilipa wenigstens noch ein letztes Gefecht, wurden aber von Scipio besiegt und mussten Iberien daraufhin endgültig räumen. Mago konnte mit den Resten der karthagischen Iberien-Armee 205 v. Chr. zwar noch im norditalischen Genua landen, wurde dort aber von starken römischen Kontingenten blockiert, sodass auch er seine Truppen nicht mehr mit denen seines älteren Bruders vereinen konnte. Damit war der Krieg in Italien praktisch entschieden, und in Rom begannen die Diskussionen darüber, ob man die Kämpfe nun nach Afrika tragen sollte, wie es schon 218 v. Chr. der Plan gewesen war.

Im Nachhinein mag Hannibal bedauert haben, 216 v. Chr. nicht auf Maharbal gehört zu haben. Mehr als scheitern hätte er vor Rom nicht können, und gescheitert war er zum Schluss auch so, ohne den Marsch auf die Hauptstadt seiner Feinde. Zwar hatte sein Verzicht darauf in der Situation von 216 v. Chr. durchaus guten Sinn gemacht, allerdings lässt sich doch fragen, ob die Prämissen für Hannibals Strategie dabei nicht auf zwei fatalen Fehleinschätzungen beruhten: Zum einen hatte er die Stabilität des römischen Bundesgenossensystems unterschätzt, das er trotz seiner Erfolge niemals sprengen konnte; zum anderen hatte er die beachtliche Fähigkeit der Römer zur Anpassung ihrer Kriegsstrategie auf die ihnen aufgezwungenen Gegebenheiten sowie die (grundsätzlich freilich bekannte) Resilienz der Römer im Angesicht von Niederlagen nicht ausreichend ins Kalkül gezogen. Hannibal hatte 216 v. Chr., auf dem Höhepunkt seines Erfolgs, daher nicht die Weitsicht besessen, seinerseits seine Pläne anzupassen, eben weil er weiterhin von der Gültigkeit seiner Prämissen ausging. In den letzten Kriegsjahren, als ihm seine Fehlkalkulation bewusst geworden sein muss, war es dann zu spät.

VII. Hannibal und Scipio: Die Niederlage bei Zama

Im Vorfeld der Entscheidungsschlacht von Zama trafen die beiden Generäle persönlich aufeinander: Hannibal, der längst legendäre Feldherr, der im Namen Karthagos 16 Jahre lang Krieg in Italien geführt hatte, dem zum Schluss aber das Heft des Handelns entglitten war; und Scipio, der jugendliche Überflieger aus Rom, kaum dreißig Jahre alt, der entscheidend Anteil daran hatte, dass sich das Kriegsglück zugunsten der Römer gewendet hatte. Sie trafen sich in Afrika, wohin Scipio gezogen war, um den Krieg siegreich zu beenden, und wohin Hannibal zurückgekehrt war, um eben das zu verhindern. Hannibal hatte seinen Gegner um eine Unterredung gebeten, um in letzter Minute noch einen Verhandlungsfrieden zu erreichen. Er sah sich dafür in keiner gänzlich ungünstigen Position. Seine Späher hatten ihm berichtet, dass die Römer ihm sowohl hinsichtlich der Infanterie als auch der Kavallerie unterlegen waren. Damit waren sie allerdings einer Finte aufgesessen. Scipio hatte Hannibals Spione zuvor in seinem Lager entdeckt. Statt sie aber zu töten, hatte er ihnen freimütig das Lager gezeigt und sie daraufhin zurückkehren lassen, wobei er aber wohlweislich darauf verzichtet hatte, sie über die unmittelbar bevorstehende Ankunft einer beachtlichen Zahl numidischer Reiter zu informieren. Diese waren mittlerweile bei den Römern eingetroffen.

Polybios berichtet ausführlich vom folgenden Gespräch (Polybios XV 6–8), das er als ein historisches Drama gestaltet, in dem sich die bisherigen Entwicklungen des zweiten karthagisch-römischen Krieges wie in einem Brennglas bündeln. Der Karthager drohte Scipio nicht, sondern redete dem jungen Mann, dem es an Erfahrungen mit militärischen Niederlagen mangelte, eher ins Gewissen: Scipio solle sich der notorischen Unbeständigkeit des Schicksals bewusst sein und sich nicht da-

P. Cornelius Scipio Africanus (sog. ‹Sulla› der Münchener Glyptothek; die Büste ist evtl. mit Scipio zu identifizieren)

rauf verlassen, dass ihm sein bisheriges Glück auch in der bevorstehenden Schlacht weiterhin hold sein würde. Wie rasch sich nämlich die Tyche (so der griechische Name für das Schicksal) von einem abwenden konnte, davon legte der Verlauf von Hannibals eigener Kampagne in Italien Zeugnis ab. Statt es zum Äußersten (und damit: zum äußerst Unberechenbaren) kommen zu lassen, solle der Römer die sichere Option wählen und Frieden schließen. Rom könne dann das mittlerweile ohnehin eroberte Iberien behalten, Sizilien und Sardinien sowieso, und dazu alle sonstigen Inseln im Tyrrhenischen Meer. Karthago würde sich auf die Herrschaft über Nordafrika beschränken.

An der Historizität des Treffens an sich muss nicht gezweifelt werden, und es findet es sich in ganz ähnlichen Linien auch in der römischen Überlieferung (z. B. Livius XXX 30 f.). Auch der von Polybios so hervorgehobene Gesprächsgegenstand der unbeständigen Tyche mag seinen Platz in der historischen Unterredung gehabt haben, selbst wenn sich dieses literarische Motiv letztlich durch das gesamte Werk des Polybios zieht: Immer wieder folgen auf große Triumphe schwere Niederlagen, und regelmäßig wird dieser Umstand vom griechischen Historiker an sinnfälligen Stellen expliziert, unter anderem, wie hier, in Reden, die im Kern zwar historisch sein mögen, in ihrer Gestaltung aber zugleich der literarischen Überformung unterlagen. Das Tyche-Motiv war jedoch mitnichten exklusiv Polybios vorbehalten; es war so sehr ein Standard griechischer Bildung, dass Hannibal und Scipio es natürlich kannten und daher sehr wohl mit ihm argumentieren konnten. Trotzdem hatte Hannibal sich das Treffen kaum deshalb ausgedungen, um Scipio eine moralphilosophische Vorlesung zu halten. Er spekulierte wohl eher darauf, dass dem Römer ein gängiges militärisches Handbuchwissen vertraut war, das den maßgeblich philosophischen Tyche-Diskurs in eine militärpraktische Binse übersetzte: Große Schlachten waren tunlichst zu vermeiden, weil ihr Ausgang übermäßig stark von Zufällen geprägt war.

Davon wollte Scipio in der Situation vor Zama aber nichts wissen. Er war entschlossen, das zweifellos nicht geringe Risiko auf sich zu nehmen, um damit der erste (und hoffentlich der letzte) Römer zu werden, der Hannibal in einer Schlacht besiegen konnte. So beschied er seinem Gegenüber, dass ein Verhandlungsfrieden für ihn nicht infrage käme. Wenn Hannibal die Schlacht vermeiden wolle, so müsse sich Karthago bedingungslos unterwerfen. War Hannibal dazu nicht bereit, so bliebe ihm nur eines, und zwar Scipio in der Schlacht zu besiegen. Der Würfel war geworfen. Das war, was Scipio schon seit Längerem geplant hatte. 206 v. Chr. war er nach Rom zurückgekehrt, nachdem er in Iberien die Reste der barkidischen Herrschaft beseitigt hatte. In diesem Zuge hatte er dort eine den Barkiden nicht unähnliche Stellung erlangt – und so wie die Scipionen zu den neuen Barkiden geworden waren, war Scipio darauf aus, als Konsul des Jahres 205 v. Chr. den Krieg ins Land seines Gegners zu tragen, quasi als römischer Hannibal.

Dagegen hatte sich in Rom Widerstand geregt. Zum einen mag die Erinnerung an den katastrophalen Ausgang der Afrikainvasion im ersten Krieg gegen Karthago noch nachgeklungen haben, als eine Expeditionsarmee 255 v. Chr. vor den Toren Karthagos den Untergang gefunden hatte. Zum anderen neidete man Scipio seine Erfolge, seine Karriere auf der Überholspur, die ihn im Alter von gerade einmal dreißig Jahren ins höchste römische Staatsamt getragen hatte und die gewichtige Teile des Senats offenbar nicht noch zusätzlich befeuern wollten. Ein dritter Einwand ergab sich aus der strategischen Lage im Jahr 205 v. Chr. Hannibal stand noch immer in Süditalien. Zwar hatten er und seine Truppen erkennbar an Stärke eingebüßt, trotzdem sah man in ihm weiterhin eine Bedrohung, weshalb es vielen Senatoren nicht angeraten schien, schon jetzt einen der Konsuln mit großen Truppenkontingenten aus Italien abziehen zu lassen. Letztlich ging es um die Frage, ob man erst Hannibal aus Italien vertreiben sollte, bevor man überlegen konnte, Karthago anzugreifen (so die Idee der Scipio-Gegner), oder ob man mit einem Einfall in Afrika den Abzug Hannibals aus Italien forcieren sollte (so der Plan Scipios).

Scipio setzte sich durch und gelangte 204 v. Chr. von Sizilien aus nach Afrika, wo er am Kap Farina landete. Zunächst scheiterte er zwar mit einer Belagerung der phönikischen Stadt Utica, einer wichtigen Verbündeten Karthagos; im Winter 204/203 v. Chr. konnte er aber in einem Überraschungsangriff die Winterlager der Karthager und der mit ihnen verbündeten Numider niederbrennen und sich damit eine günstige Ausgangslage für das nächste Kampagnenjahr 203 v. Chr. verschaffen. In diesem behielten der junge Römer und sein Stab wiederholt die Oberhand über den karthagischen Befehlshaber Hasdrubal (Giskos Sohn) und den Numider Syphax. Die beiden wurden in der Schlacht auf den Großen Feldern und später bei Cirta geschlagen, wobei die Römer Syphax sogar gefangen nehmen konnten.

Hannibal hatte bei diesen Kriegshandlungen in Afrika bislang keine Rolle gespielt. Er saß weiterhin in Bruttium, entweder, weil es den Karthagern noch nicht notwendig schien, ihn als zumindest latente Bedrohung der Römer von dort abzuziehen, oder aber, weil sich dazu schlicht noch keine Möglichkeit geboten hatte. Nun aber begannen sich die Dinge in Afrika für die Karthager ungünstig zu entwickeln, und so kam endlich ihr Oberbefehlshaber ins Spiel. Nach der Niederlage des Syphax in Cirta knüpften die Kriegsparteien nämlich noch 203 v. Chr. Verhandlungen an, die in einem ersten Präliminarfrieden mündeten. Scipios Bedingungen waren vergleichsweise moderat: Er verlangte die Auslieferung von Kriegsgefangenen, die Begrenzung der karthagischen Flotte auf zwanzig Schiffe und natürlich die Herrschaft über Iberien sowie über die Inseln des westlichen Mittelmeers. Ferner sollten die Karthager die Versorgung des römischen Heeres übernehmen, das den Winter über in Afrika bleiben würde, um die Ratifizierung des Friedens in Rom abzuwarten. Zu guter Letzt wurde eine Kriegskontribution in Höhe von 5000 Talenten Silber vereinbart.

Dieser Vertrag sollte allerdings niemals in Kraft treten, und überhaupt hatten beide Seiten wohl gar nicht die unbedingte Absicht, ihn tatsächlich zu vollziehen. Für Scipio ging es bei den Verhandlungen in erster Linie darum, seinen Oberbefehl in Afrika zu verlängern. Er hatte nicht plötzlich seine Friedenssehnsucht entdeckt, sondern musste schlicht verhindern, dass Rom für das Folgejahr einen neuen Konsul zu seiner Ablösung schickte. Solange aber über den Vertragsentwurf verhandelt wurde (und dass dieser in Rom für Debatten sorgen würde, war abzusehen), konnte der Senat schlecht eine Ablösung bestimmen, hätte das doch die Wiederaufnahme der Feindseligkeiten präjudiziert. Mit den Verhandlungen hatte Scipio sich also in einen Waffenstillstand gerettet, an dessen Ende er auf die eine oder die andere Weise seinem Ziel nähergekommen sein würde: Er, und niemand anderes sonst, sollte den Krieg gegen Karthago beenden! Würde der Frieden zustande kommen, so wäre das Ziel unmittelbar erreicht; würde er abgelehnt, so war Scipio weiterhin in der Position, im neuen Kampagnenjahr die Entscheidung im Feld zu suchen.

Tatsächlich stimmten die Römer dem Vertragsentwurf letztlich zu. Jetzt zeigte sich allerdings, dass auch die Karthager die Verhandlungen vor allem deshalb aufgenommen hatten, um ihrerseits Zeit zu gewinnen. Ihnen ging es um Hannibals Rückkehr. Dass dessen zunehmend isolierte Stellung in Süditalien nicht mehr zu halten war, war mittlerweile jedem klar, spätestens, nachdem Hasdrubal und Mago damit gescheitert waren, sich mit den Truppen ihres Bruders zu vereinen, und eine eilig zu dessen Versorgung zusammengezogene Flotte von etwa 100 Schiffen auf dem Weg nach Italien havariert war. Da die Römer mittlerweile in Afrika operierten, wurde der Feldherr in der Heimat dringlicher gebraucht als in Italien. Indem sich die Karthager auf Verhandlungen mit Rom einließen, eröffneten sie Hannibal die Möglichkeit, sich unter dem Schutz des Waffenstillstands während der Verhandlungen relativ risikolos nach Afrika einzuschiffen. Im Winter 203/202 v. Chr. betrat er daher zum ersten Mal seit 237 afrikanischen Boden – an der Spitze von 20000 kampferprobten Veteranen. Die iberische Restarmee unter Mago kehrte ebenfalls zurück, freilich ohne Hannibals Bruder, der auf der Überfahrt einer Verwundung erlag, die er sich zuvor in Italien zugezogen hatte.

Sobald Hannibal in Karthago eingetroffen war, war von Friedensbereitschaft keine Rede mehr. Als die römischen Gesandten den Karthagern den fertigen Vertrag vorlegten, nahmen diese ihn überraschenderweise nicht an. Im Gegenteil: Sie provozierten die Römer ganz offen, indem sie eine auf Grund gelaufene römische Versorgungsflotte als Prise nahmen. Vielleicht – sofern das nicht eine Erfindung römischer Kriegspropaganda war – verübten sie sogar einen Anschlag auf die römischen Gesandten, die nach der Absage in Karthago in Scipios Heerlager weitergezogen waren. Offenbar erhofften sich die Karthager von Hannibals Rückkehr eine späte Wende des Kriegsglücks; zumindest spekulierten sie, dass Scipio angesichts der neuen Bedrohung durch Karthagos größten Feldherrn zu Zugeständnissen bereit sein würde. Genau diese Bereitschaft lotete Hannibal im besagten Gespräch mit Scipio dann aus, um bessere Bedingungen zu erhalten, als sie der schon ausgehandelte, in der Folge aber verworfene Frieden von 203/202 v. Chr. vorgesehen hatte. Hannibals Vorschlag aus dem Gespräch vor Zama enthielt beispielsweise keine Reparationen oder Bestimmungen zur Begrenzung der karthagischen Flotte.

Das Risiko einer Schlacht gegen Hannibal war für Scipio tatsächlich nicht unerheblich. Hannibal war bislang gut zwanzigmal auf römische Truppen getroffen, und zumindest in der offenen Schlacht war er dabei unbesiegt geblieben; in Cannae war Scipio selbst Zeuge der Kriegskünste des Karthagers geworden. Ohne den notorisch übertriebenen Angaben antiker Historiker allzu arglos Glauben schenken zu müssen, dürften Hannibals Truppen im Laufe der Jahre kaum weniger als 150 000 Römer und Italiker getötet haben, darunter sechs römische Konsuln und Prokonsuln. Warum sollte es ihm nicht gelingen, auch den nächsten Konsul zu (er)schlagen, zumal Scipios Invasionskorps keineswegs beeindruckend groß war?

Scipio war aber nicht in der Stimmung zu feilschen und nach dem Scheitern der Verhandlungen des Winters auch gar nicht mehr dazu in der Lage. Zum einen, so entgegnete er Hannibal, konnte und würde Rom schlecht hinter die ohnehin schon verhandelten Bedingungen zurückgehen. Zum anderen war die Ablehnung von Hannibals Vorschlägen in Rom in der gegenwärtigen Situation so sicher, dass Scipio endgültig mit seiner Ablösung hätte rechnen müssen, die er im Vorjahr gerade noch hatte abwenden können. Dem Römer blieb insofern gar nichts anderes übrig, als die Karthager zur bedingungslosen Kapitulation zu zwingen, entweder aus freien Stücken – dann würde aber Scipio die neuen Bedingungen diktieren – oder mit Gewalt. Da Hannibal zu Ersterem nicht bereit war, mussten die Waffen sprechen.

Die Rahmenbedingungen der Schlacht von Zama waren im Vergleich zu den Schlachten in Italien eigentümlich invertiert: Während Hannibal, was die Infanterie anging, in Italien meist unterlegen war und stattdessen auf seine überlegene Kavallerie gesetzt hatte, standen in Zama knapp 40 000 karthagische Fußsoldaten nur etwa 30 000 römischen Kämpfern gegenüber. Dafür konnte Scipio, dank der Unterstützung des Numiderkönigs Massinissa, eines Rivalen des mittlerweile gefangengenommenen Syphax, 6000 hervorragend ausgebildete Reiter in die Schlacht werfen, während Hannibal nur 4000 Berittene zur Verfügung standen. Der Karthager musste den Sieg daher im Kampf mit den römischen Fußtruppen suchen und setzte dafür ganz auf die Kampfkraft und Erfahrung seiner aus Italien mitgebrachten Veteranen. In die vorderen Linien stellte er daher neu angeworbene und leicht bewaffnete Söldner sowie karthagische Bürgersoldaten, die schwerlich dazu in der Lage sein würden, die ebenso gut trainierten wie ausgerüsteten römischen Legionen zu schlagen. Ihre Aufgabe war es, den Römern erste Verluste beizubringen, sie zu erschöpfen und ihre Ordnung zu stören, sodass die von Hannibal erst ins dritte Treffen gestellten Veteranen schließlich die Entscheidung herbeiführen konnten.

Eine ähnliche Aufgabe war den insgesamt 80 Kriegselefanten (so die Angabe bei Polybios) zugedacht. In Italien – wo die über die Alpen getriebenen Tiere, sofern sie den Übergang über das Gebirge überhaupt überlebt hatten, spätestens im Winter 218/217 v. Chr. bis auf ein einziges Exemplar verendet waren – hatten sie keine Rolle gespielt; nun aber sollten sie mit ihrer Wucht entscheidende Unruhe in die traditionell wohlgeordnete und disziplinierte Formation der Römer bringen und damit ebenfalls den letztlich schlachtentscheidenden Einsatz der Veteranen unterstützen. Gegen diese Taktik hatte Scipio sich jedoch mit einem höchst wirksamen Manöver immunisiert. Normalerweise standen die Manipel, die kleinsten Truppenkörper der römischen Armee, in den Schlachtreihen hintereinander versetzt. Scipio verschob sie so, dass sie nicht mehr in den Lücken der Vorderreihe standen, sondern jeweils direkt hinter den weiter vorn stehenden Kameraden. Dadurch ergaben sich Gassen, durch die die Elefanten bei Beginn der Schlacht einfach hindurchwichen, ohne sonderlich viel Schaden anzurichten. Umso weniger konnten die ersten Reihen von Hannibals Armee den Römern beim daraufhin beginnenden Kampf der Fußtruppen Paroli bieten. Damit hatte Hannibal zwar grundsätzlich bereits gerechnet, aber den Römern glückte es wenig später auch, sich in zähem Kampf gegen seine Veteranen in der hinteren Linie zu behaupten.

Gleichzeitig hatte die römisch-numidische Reiterei keine Mühe, die karthagischen Reitertruppen in die Flucht zu schlagen. Als Scipios Kavallerie daraufhin die Verfolgung der karthagischen Reiter beizeiten abbrach, um aufs Schlachtfeld zurückzukehren, war es um Hannibals Armee geschehen. Rund

20000 Soldaten in karthagischem Dienst fanden den Tod. Hannibal hatte damit seine allererste Niederlage in einer Feldschlacht erlitten; diese Niederlage war aber kriegsentscheidend. Der Feldherr brachte sich zunächst ins nahegelegene Hadrumetum in Sicherheit und ging von dort zurück nach Karthago, wo ausgerechnet er seinen teilweise noch immer kampfbereiten Mitbürgern nun dazu raten musste, den Krieg verloren zu geben. Es soll über die Frage sogar zu Handgreiflichkeiten gekommen sein (Polybios XV 19,2), so sehr engagierte sich Hannibal für die Aufgabe des Kampfes, auch wenn das bedeutete, sich durch die bedingungslose Kapitulation gänzlich der Gnade oder Ungnade der römischen Sieger auszuliefern.

Der Rat von Karthago schickte also Gesandte, die vor Scipio kapitulierten und seine Friedensbedingungen entgegennahmen, die sich im Vergleich zu den Bedingungen des Vorjahres natürlich verschärft hatten (Polybios XV 18): Karthagos Flotte wurde auf künftig nur mehr zehn Schiffe begrenzt, darüber hinaus sollten die Karthager keine Elefanten mehr rüsten dürfen und hatten Geiseln zu stellen. Neben den territorialen Verlusten, in die Hannibal schon vor Zama einzuwilligen bereit gewesen war, musste Karthago zudem noch einige afrikanische Besitzungen an Roms Verbündeten Massinissa abtreten. Das betraf alle Gebiete, die einstmals Massinissa oder seinen Vorfahren gehört hatten – eine ziemlich unspezifische Definition, die in den nächsten Jahren noch für viel Unmut sorgen sollte (und mittelbar in den dritten römisch-karthagischen Krieg führen würde). Die Reparationen, 203 v. Chr. noch eher moderat veranschlagt, stiegen auf insgesamt 10000 Talente Silber, zahlbar in Raten zu je 200 Talenten über eine Dauer von fünfzig Jahren. Innenpolitisch wurde Karthago zwar die Autonomie belassen, außenpolitisch wurde der Stadt jedoch jeglicher Spielraum genommen. Außerhalb von Afrika sollten die Karthager gar nicht mehr Krieg führen dürfen, und in Afrika nur noch mit ausdrücklicher Erlaubnis Roms. Während der Lutatius-Friede 241/237 v. Chr. Karthago noch die Möglichkeit belassen hatte, die einstige Machtstellung früher oder später wiederzuerlangen, wollte der Scipio-Vertrag diese Möglichkeit von vornherein ausschließen.

Den geschlagenen Karthagern blieb nichts anderes übrig, als die Bedingungen zu akzeptieren. Auch in Rom wurde Scipios Präliminarfrieden ratifiziert, sodass 201 v. Chr. endlich der Vertrag geschlossen werden konnte, der den Hannibalkrieg beendete. Nachdem alles geregelt war, kehrte Scipio im Triumph nach Rom zurück und erhielt den Siegernamen ‹Africanus›. Vor seinem Aufbruch hatte er aber noch einen dramatischen Schlusspunkt unter seine Kampagne in Afrika gesetzt: In Sichtweite von Karthago ließ er die ausgelieferte Flotte seiner Feinde verbrennen, ca. 500 Schiffe, ein Fanal, das den Karthagern deutlich vor Augen führte, dass es mit ihrer Großmachtstellung vorbei war. Damit waren sie fürs Erste sogar noch gut bedient; gut ein halbes Jahrhundert später würde ein Enkel von Scipio nicht mehr allein die karthagische Flotte in Flammen aufgehen lassen, sondern gleich die Stadt selbst.

Bis dahin war es freilich noch ein langer Weg, den Hannibal, ein wenig überraschend, zunächst noch mitgestalten durfte. Eine Auslieferung des karthagischen Feldherrn, der so viel Leid über Italien gebracht hatte (und die am Beginn des Krieges noch der zentrale Gegenstand des römischen Ultimatums gewesen war!), wurde von Rom 202/201 v. Chr. nicht mehr gefordert. Der Grund dafür ist unklar. Wahrscheinlich ging die Schonung Hannibals auf Scipios Initiative zurück. Dem Sieger von Zama musste daran gelegen sein, dass der Frieden unbedingt jetzt zustande kam. Sein potentieller Nachfolger lag bereits vor Sizilien vor Anker, um im Fall des Scheiterns der Verhandlungen die Kämpfe wieder aufzunehmen und die Lorbeeren, die Scipio gebührten, selbst einzuheimsen. Und da Scipio wusste, dass Hannibal in Karthago zu guter Letzt ein entschiedener Verfechter eines Friedensschlusses geworden war, verzichtete er folglich darauf, seine Auslieferung zur Bedingung zu machen. Vielleicht erschien es ihm aber auch einfach unwürdig, den legendären General beim triumphalen Einzug in Rom in Ketten hinter sich herzuschleifen – ein Schicksal, das besiegten feindlichen Heerführern regelmäßig blühte –, war Hannibal doch kein x-beliebiger keltischer Häuptling.

Bemerkenswert war trotzdem, dass Scipio sich damit durchsetzen konnte, denn in Rom wird seine nachsichtige Position kaum einhellig geteilt worden sein. Noch über 200 Jahre später wusste der römische Autor Valerius Maximus von einer ganzen Reihe an Grausamkeiten zu berichten, derer Hannibal sich im Krieg in Italien schuldig gemacht hatte. Allein, dass sich diese Geschichten bis in die frühe Kaiserzeit halten konnten, legt nahe, dass es in Rom ausgeprägte Rachegelüste gab, insbesondere in der Zeit unmittelbar nach dem Krieg. Für den Moment wog der Wunsch nach Rache aber offenbar etwas leichter als der Einfluss des Hannibalbezwingers Scipio und die Aussicht auf die sofortige Beendigung des Krieges zu harten Bedingungen. Hinzu kam, dass die Schonung Hannibals langfristig nicht in Stein gemeißelt war, gerade im Hinblick auf die Situation in Karthago selbst, wo es ebenfalls genug Personen gab, die an einer Abrechnung mit dem langjährigen Dominator der karthagischen Innenpolitik interessiert waren, der sich durch die Niederlage im Krieg gegen die Römer – der nicht zuletzt auch sein ganz persönlicher Krieg gewesen war – angreifbar gemacht hatte. Diese Konstellation ließ den Römern die Möglichkeit, ihr Urteil über Hannibal später gegebenenfalls noch zu revidieren. Ob sich die Tyche endgültig von Hannibal abwenden würde, das sollte erst die Zeit zeigen.

VIII. Der große Reformer: Hannibal als Sufet

Über die Verfassung des karthagischen Gemeinwesens sind wir schlecht informiert. Das wenige, was wir wissen, stammt vor allem aus einer staatsphilosophischen Schrift des 4. Jahrhunderts v. Chr., der *Politeia* des Aristoteles. Die zeitliche Lücke, die zwischen der Entstehung dieser Schrift und den Tagen Hannibals klafft, ist beträchtlich. Da wir aber wenig andere Informationen haben, müssen wir trotzdem versuchen, die Grundparameter der karthagischen Verfassung auf dieser Grundlage zu rekonstruieren. Aristoteles ging es in seinem Werk um eine Systematisierung verschiedener Staatsformen, die er einerseits nach der Zahl der an der Herrschaft beteiligten Personen oder Personenkreise differenzierte, andererseits danach, ob eine Staatsform eher dem Gemeinwohl diente oder dem Eigennutz der Herrschenden. Seine dadurch erreichte modellhafte Typisierung plausibilisierte er in einer Art empirischer Untersuchung anhand konkreter Verfassungen historischer Gemeinwesen, unter anderem eben derjenigen der Karthager.

In Karthago erkannte Aristoteles eine gut ausbalancierte Verfassung, die Elemente verschiedener reiner Formen von Herrschaft in sich vereinte (monarchische, aristokratische und demokratische Elemente), was dem System in seinen Augen große Stabilität verlieh. Während sich die reinen Formen der Herrschaft nämlich in einem steten Kreislauf ständig ablösten, waren in einer ‹Mischverfassung› alle Herrschaftstypen von vornherein sinnvoll aufeinander bezogen, was einen abrupten Umschwung der Verhältnisse verhinderte. Karthago glich damit dem Gemeinwesen der Spartaner, das in der Antike geradezu als Prototyp einer Mischverfassung galt und das Aristoteles zur vergleichenden Erläuterung der verschiedenen Institutionen in Karthago heranzog, weil es seinen griechischen Lesern natürlich vertrauter war. So wie Sparta kannte Karthago Speisegemeinschaften kleinerer Zirkel von Bürgern, die deren Integration ins Gemeinwesen dienten; ein ‹Rat der 104› in Karthago entsprach dem (freilich kleineren) Gremium der Ephoren in Sparta, das eine allgemeine politische Aufsichtsfunktion hatte; wie in Sparta habe es in Karthago so etwas wie Könige gegeben, und zwar die ‹Sufeten› – Beamte mit weitreichenden Kompetenzen, die aber anders als die spartanischen Könige gewählt wurden; auch eine der spartanischen Gerusia (dem ‹Ältestenrat›) ähnliche Ratsversammlung habe man in Karthago gekannt.

Aus den Informationen bei Aristoteles lässt sich, im Abgleich mit den spärlichen Zeugnissen politischer Praxis in anderen Quellen, grob folgendes Bild skizzieren: In Karthago gab es verschiedene Beamte, die jährlich vom Volk gewählt wurden; die beiden wichtigsten, die Sufeten, leiteten die Volks- und die aristokratischen Ratsversammlungen und besaßen Kompetenzen in der Rechtsprechung. Sie selbst wurden wiederum vom Rat der 104 kontrolliert, einem Gremium, das aus ehemaligen Beamten bestand, die auf Lebenszeit berufen wurden. Für die Kriegführung gab es ein eigenes Feldherrenamt, dessen Besetzung durch das Volk zumindest bestätigt werden musste.

Man erkennt in alldem in der Tat die typischen wechselseitigen ‹Checks and Balances›, auf deren Grundlage Aristoteles die karthagische Verfassung als Mischverfassung verstand, auch wenn ein darin zementierter aristokratischer Vorrang nicht grundsätzlich in Abrede gestellt werden kann: Die Machtfülle des vorgeblich monarchischen Teilelements der Sufeten-Könige war mehrfach begrenzt, zum Ersten durch die Annuität des Amtes – das heißt, die Inhaber wurden jährlich neu gewählt –, zum Zweiten durch den klaren Zuschnitt der Kompetenzen, zum Dritten durch die Kontrolle seitens des Rates der 104. Das demokratische Teilelement, verkörpert in der Volksversammlung, hatte zwar weitreichende Kompetenzen bei der Bestellung von Beamten und Ratsmännern (die Posten wurden ja per Wahl vergeben), die Funktionsstellen an sich lagen aber in den Händen der Aristokratie und sie zu bekleiden blieb der weit überwiegenden Mehrheit des Volkes versagt. Darüber hinaus blieb der Einfluss des Volkes auf die Politik ohnehin gering, solange sich die ausführenden Beamten und die kontrollierenden Ratsversammlungen einig waren. Nur wenn es zu Unstimmigkeiten innerhalb der aristokratischen Führung kam, konnte der Volksversammlung die letzte Entscheidung angetragen werden, was aber schwerlich der Normalfall war.

Ungeachtet aller Stabilitätspostulate hinsichtlich vorgeblicher Mischverfassungen, zeigte sich die wirkliche Qualität einer Verfassung in Krisenzeiten, wie sie Karthago und Rom nach ihrem mehrere Jahre währenden Ringen im Hannibalkrieg zweifelsohne durchlebten, in dem sie über einen langen Zeitraum hinweg alle Kräfte bis zum Äußersten hatten anspannen müssen. Karthago traf die Krise umso härter, als die Stadt neben den Anstrengungen im Krieg an sich schlussendlich auch die Bürde der Niederlage zu schultern hatte. Eine zentrale Herausforderung stellte in der Folge die Reintegration Hannibals dar, der in eine Stadt zurückkehrte, die er seit 35 Jahren nicht mehr betreten hatte. Die in Teilen quasi-monarchische Stellung, die sich die Barkiden in den Jahrzehnten zuvor gerade in Iberien aufgebaut hatten, war für ihre Peers in Karthago immer nur deshalb akzeptabel gewesen, weil sie sich auf Iberien beschränkt hatte. Mit dem Wegfall entsprechender außenpolitischer Ausweichzonen saß der vermeintliche ‹König› aber plötzlich wieder in der Stadt und wurde sich relativ schnell bewusst, dass er dort eben kein König war.

Nicht zuletzt auch deshalb, weil er aus ‹seinem› Krieg als letztlich geschlagener Feldherr zurückgekehrt war, konnte Hannibal die Politik in Karthago nicht mehr ohne Weiteres dominieren, so wie es seine Familie in den letzten Jahrzehnten eigentlich gewohnt war. Etliche seiner Anhänger waren gestorben oder gefallen, andere, die den barkidischen Kurs weniger aus Überzeugung denn aus Opportunismus mitgetragen hatten, mochten zunächst beobachten, in welche Richtung der Wind in den Adelsrivalitäten künftig drehen würde, und vermieden daher ein allzu pauschales Commitment für den Rückkehrer. Und dass die Barkiden immer auch ausgewiesene Gegner hatten, selbst wenn diese sich über Jahre hinweg kein Gehör hatten verschaffen können, war ohnehin evident, auch wenn wir sie in den Quellen nicht namentlich fassen können – abgesehen vom notorischen Hanno, von dem wir aber nicht wissen, wie lange er das Kriegsende überlebte.

Schon bald nach Kriegsende kam es zu Angriffen auf Hannibal. Zunächst hatte der sein Amt als Feldherr noch behalten dürfen, möglicherweise, um eine Situation wie nach dem ersten Krieg gegen Rom zu vermeiden, als die abrupte Demobilisierung der karthagischen Söldner zu einem großflächigen Aufstand geführt hatte. Diesmal behielt man die Söldner fürs Erste im Dienst (und zwar unter ihrem Feldherrn) und zog sie zu verschiedenen Aufgaben heran, beispielsweise zum Wiederaufbau des Landes. Erst nachdem man sie schließlich hatte auszahlen und ihre Verbände auflösen können, dürfte auch Hannibal aus dem Amt geschieden sein, dessen militärische Funktion in der Situation nach 201 v. Chr. ohnehin obsolet geworden war, weil Karthago im Moment keinen Krieg führte und dies in absehbarer Zeit auch nicht mehr tun würde.

Der Privatmann Hannibal sah sich nach seiner schlussendlichen Demobilisierung dann unmittelbar mit Klagen konfrontiert. Seine Gegner warfen ihm vor, den Krieg gegen Rom aus persönlichen Motiven angezettelt zu haben; in Hannibals Verzicht, nach dem Sieg von Cannae auf Rom zu marschieren, erkannten sie Hochverrat; und zu guter Letzt warfen sie ihm vor, Beutegüter unterschlagen zu haben. Nun waren gerichtliche Nachstellungen gegen glücklose Generäle in Karthago nicht unüblich, der Vorstoß der Hannibal-Gegner war aber zu durchsichtig und zu schwach begründet, um erfolgreich sein zu können. Man hatte den Krieg gegen Rom von Karthago aus über die gesamte Dauer hinweg unterstützt, weshalb es kaum überzeugte, wenn sich Hannibals Gegner plötzlich die römische Argumentation zu eigen machten und den Krieg auf eine rein persönliche Vendetta der Barkiden zurückführten. Dieser Punkt vertrug sich auch nicht recht mit dem zweiten Vorwurf, dem zufolge Hannibal 216 v. Chr. aus verräterischen Motiven heraus nicht auf Rom gezogen sein soll. Denn entweder präsentierte man Hannibal als persönlichen Feind der Römer, der seine schuldlose Heimatstadt in seinen unerbittlichen und unversöhnlichen Furor hineingezogen hatte, oder man unterstellte ihm die Bereitschaft, mit dem angeblich so verhassten Feind zum eigenen Vorteil zu konspirieren.

Der dritte Vorwurf, die Unterschlagung öffentlicher Gelder, war ebenfalls nicht haltbar – und fiel in den nächsten Jahren auf Hannibals Ankläger selbst zurück, wofür Hannibal eine wichtige Rolle spielte. Er war 201/200 v. Chr. zwar von den verschiedenen Anklagen freigesprochen worden, ging aber trotzdem seiner dominierenden Stellung in Karthago mehr und mehr verlustig. Für alles andere wog seine persönliche Verantwortung am Ausgang des Krieges gegen Rom dann doch zu schwer, und schon in der Vorkriegszeit waren es in erster Linie nur die überragenden Erfolge der Barkiden gewesen, die als Kitt zwischen ihnen und der Masse ihrer Mitbürger in Karthago gedient hatten. Unter den neuen Rahmenbedingungen überraschte es daher nicht, dass etliche vormalige Anhänger der Barkiden von der Fahne gingen. Die verbliebenen Anhänger Hannibals müssen schnell zur Minderheit geworden sein, sodass der wichtige Rat der 104 – das Gremium auf Lebenszeit bestellter Aristokraten mit seiner weit gefassten Aufsichtsfunktion über alle Angelegenheiten karthagischer Politik – in den Quellen *in toto* als Hannibal feindlich gesinnt erscheint.

Um angesichts dieser Situation wieder in die Offensive zu gelangen, brauchte Hannibal ein Thema, mit dem er das Volk gegen die ihm feindlich gesinnte Mehrheitsaristokratie mobilisieren konnte, denn im Fall von inneraristokratischen Differenzen war es in Karthago das Volk, das die Entscheidung traf. Tatsächlich lag ein Thema bereit, um eine entsprechende Mobilisierung herbeizuführen: die Finanzpolitik, die durch Kriegsverluste und römische Reparationsforderungen vor immensen Herausforderungen stand. Im Prinzip war das Problem das gleiche wie 237 v. Chr.: Karthago musste nach der Niederlage ökonomisch gesunden. Allerdings setzte der Frieden von 201 v. Chr. dafür viel engere Grenzen als einst der Lutatius-Vertrag. Ein neues Iberien konnte man jedenfalls nicht mehr erobern, sodass die Karthager doch noch auf die Strategie ausweichen mussten, die einst Hanno der Große propagiert hatte: Sie intensivierten ihre Herrschaft über Afrika und bauten ihr Hinterland aus.

Doch obwohl die Landwirtschaft in den kommenden Jahrzehnten florierte, der Handel wieder Fahrt aufnahm und der Tributdruck auf die karthagischen Untertanen erhöht wurde, kam von den Einnahmen nur wenig in der Staatskasse an. Offenbar leitete die Aristokratie große Teile des öffentlichen Wohlstands in ihre privaten Taschen um. Ein solcher Vorwurf passt zwar gut zum stereotypen Bild des ‹gierigen Puniers›, scheint aber trotzdem nicht gänzlich aus der Luft gegriffen zu sein, denn schon bald sollte sich zeigen, wie leistungsstark die karthagische Wirtschaft eigentlich war, wenn ihre Einnahmen nur nicht in irgendwelchen dunklen Kanälen versickerten. Im Jahr 199 v. Chr. hatte Karthago noch größte Mühe, überhaupt die Reparationen an Rom zahlen zu können, und die Römer bemängelten die Qualität des ihnen zugesandten Silbers. Schon 191 v. Chr. konnten die Karthager den Römern dann aber anbieten, alle noch ausstehenden Zahlungen (also die Raten von vierzig folgenden Jahren!) auf einen Schlag zu begleichen. Zwischen diesen beiden Extremen lagen nur gut zehn Jahre – und eine durchgreifende Reform der karthagischen Finanz- und Fiskalpolitik.

Hannibal hatte sich 197 v. Chr. des Problems angenommen. Angesichts der leeren Kassen und aufgrund der unbedingten Notwendigkeit, die Zahlungsverpflichtungen gegenüber Rom zu erfüllen, hatte man in Karthago beschlossen, eine Sondersteuer einzuführen, mit der alle Bürger belastet werden sollten, sehr zum Unmut weiter Teile der Bevölkerung. Auf der Fahrkarte von Korruptions- und Misswirtschaftsvorwürfen gelang Hannibal in dieser Situation ein politisches Comeback: Er wurde für 196 v. Chr. zum Sufeten gewählt, offenkundig mit dem Programm, gegen die grassierende Gier der Aristokratie einzuschreiten, für die nicht alle Bürger mit einer Kopfsteuer unterschiedslos geradestehen wollten. Nach seinem Amtsantritt zitierte Hannibal daher einen hohen Finanzbeamten zu sich, um ihn zur Rechenschaftslegung zu nötigen. Das Ziel muss gewesen sein, dass all diejenigen, die sich in den letzten Jahren unrechtmäßig bereichert hatten, die von ihnen unterschlagenen Summen zurückzahlen sollten. Der Beamte weigerte sich aber, vor Hannibal zu treten, und verließ sich laut den Quellen darauf, dass er im Jahr nach seiner Amtsführung in den Rat der 104 aufrücken würde; indem er mit seiner Weigerung zur Kooperation die Interessen seiner künftigen Mit-Ratsherren schützte, durfte er sich entsprechend schon in dieser Situation auf deren Rückendeckung verlassen.

Es kam zu einem Patt zwischen den politischen Institutionen, da mit Rückendeckung des Rates der 104 die Maßnahmen des Sufeten behindert wurden. In dieser Situation zeigte Hannibal, wie einst im Krieg gegen Rom, seine Fähigkeit zu unerwarteten und risikoreichen Lösungen. Um den Widerstand zu brechen, blies er zum Umbau der politischen Ordnung und ließ einen Gesetzesvorschlag vor das Volk bringen, dem zufolge jedes Mitglied im Rat der 104 nicht mehr, wie bislang, auf Lebenszeit bestellt wurde, sondern die Mitgliedschaft auf ein Jahr befristet sein sollte, ohne die Möglichkeit direkter Iterationen. Hannibal setzte sich durch, was zu einem unmittelbaren Umschwung der Machtverhältnisse geführt haben muss, da die anstehenden Wahlen, die ja Wahlen durch das Volk waren, offenbar wieder vermehrt Anhänger des Barkiden in das bislang von seinen Gegnern dominierte Kontrollgremium brachten. Durch seine faktische Entmachtung war der Rat der 104 daraufhin nicht mehr in der Lage, den Plänen des Sufeten weiter Widerstand zu leisten. Hannibals Regelungen zur Rückerstattung der unterschlagenen Gelder sowie weitere finanzpolitische Maßnahmen wurden angenommen, wohingegen die umstrittene Kopfsteuer gekippt wurde, die jetzt ohnehin nicht mehr nötig war.

Die Konsequenzen seiner Durchsetzung und seines neuerlichen Erfolgs wogen für Hannibal freilich schwer. Seine Gegner suchten nämlich Unterstützung in Rom und begannen, gegen den Barkiden zu agitieren. Unter anderem streuten sie das Gerücht, er würde mit dem Seleukidenkönig Antiochos III. konspirieren, der gerade im Begriff stand, von Kleinasien aus einen Krieg gegen die Römer zu provozieren. In Rom stießen sie damit auf offene Ohren: Sei es, dass man die gegen Hannibal erhobenen Vorwürfe für bare Münze nahm, sei es, dass man die von ihm ins Werk gesetzte wirtschaftliche Gesundung Karthagos mit Sorge beobachtete, sei es, dass Teile der römischen Oberschicht mittlerweile bereuten, dass sie 202/201 v. Chr. nicht auf Hannibals Auslieferung gepocht, sondern seine von Scipio betriebene Schonung akzeptiert hatten. In dieser Melange möglicher Motive setzte sich nun, mit gut fünfjähriger Verzögerung, die Position durch, dass man endlich doch auf der Überstellung des Barkiden bestehen sollte. Maßgeblicher Wortführer dieser Position war der Konsul von 196 v. Chr., Marcus Claudius Marcellus, ein Sohn des gleichnamigen älteren Marcellus, des Eroberers von Syrakus, der mehrfach gegen Hannibal im Feld gestanden hatte und 208 v. Chr., in einem letztlich unbedeutenden Gefecht, gefallen war.

Rom schickte eine Gesandtschaft unter Marcellus nach Karthago, offiziell, um in einem Grenzkonflikt der Karthager mit dem Numiderkönig Massinissa zu vermitteln, faktisch aber, um Hannibal vor dem karthagischen Rat anzuklagen und seine Auslieferung zu fordern. In den neuen außenpolitischen Konstellationen konnten die Karthager dieses Ansinnen nicht mehr zurückweisen, wie sie es noch 218 v. Chr. getan hatten; sogar von Seiten der Hannibal freundlich gesinnten Karthager stand für ihn in dieser Sache nichts mehr zu erwarten. Das war Hannibal bewusst, und möglicherweise war er von seinen wenigen Unterstützern in Rom auch gewarnt worden (das muss aber Spekulation bleiben). Er entschied sich zur Flucht aus der Stadt, um sich den Nachstellungen der Römer und seiner innenpolitischen Gegner zu entziehen. Die Flucht war gut vorbereitet: Bei Nacht und Nebel verließ Hannibal Karthago, ritt zu seinem Landgut an der Küste der Kleinen Syrte, wo ein bemanntes und mit erheblichen Reichtümern beladenes Schiff bereitstand, um ihn und seine verbliebenen Getreuen an einen sicheren Zufluchtsort zu bringen. Nach seiner Flucht wurde er, nicht zuletzt auf Druck der Römer, in seiner eigenen Heimatstadt zum Staatsfeind erklärt.

Die Maßnahmen, die überhaupt erst zu Hannibals dramatischer Flucht geführt hatten, blieben indes in Geltung, und damit auch die durch sie eingeleitete Verschiebung der innerkarthagischen Machtbalance weg von einer rundheraus aristokratischen hin zu einer stärker demokratisch geprägten Verfassung. Polybios, der staatstheoretisch in der Tradition des Aristoteles stand, erkannte den entscheidenden Vorteil Roms im Ringen mit Karthago jedenfalls darin, dass in Rom die in einer Mischverfassung vorgesehenen Checks and Balances auch im zweiten vorchristlichen Jahrhundert noch funktioniert hätten, wohingegen Karthago bereits einen entscheidenden Schritt hin zur Demokratie vollzogen hätte. Für die restlichen gut fünfzig Jahre der karthagischen Geschichte findet sich in der Tat kein Hinweis, dass ein grundlegend aristokratisch dominiertes System in Karthago noch einmal hätte Fuß fassen können.

Hannibal hatte 196 v. Chr. einen tiefgreifenden Verfassungswandel in Gang gesetzt, als er unter Nutzung der Korruptionsfrage und über den Umweg der Mobilisierung des Volkes seine eigene Partei wieder in die zentralen Positionen des Staates gebracht hatte. Das war der Preis, um innenpolitisch ans Ruder zu gelangen. Ob man diesen Preis für seine Heimatstadt als zu hoch veranschlagt, hängt davon ab, ob man den oftmals antidemokratischen Reflexen der antiken Publizistik folgen möchte, die demokratische Regime aufgrund der angeblichen Wankelmütigkeit ihrer Positionierungen und aufgrund ihrer angeblich mangelnden Einsicht in die Künste der Staatsführung für tendenziell instabil hielt. Für Hannibal persönlich war der Preis, den er für seine Verfassungsreform zu zahlen hatte, zweifelsohne beträchtlich.

IX. Auf der Flucht: Antiochos der Große

Endlich hatte Hannibal es geschafft, mit Antiochos III. zusammenzutreffen, dem mächtigen König des Seleukidenreichs. Im Gespräch mit ihm kam Hannibal ohne größere Umschweife zum Punkt und unterbreitete dem König einen Vorschlag. Livius berichtet, Hannibal habe Antiochos zum baldigen Krieg gegen die Römische Republik geraten. Hierzu sollte der König dem Karthager 100 Schiffe, 10000 Fußsoldaten und 1000 Reiter zur Verfügung stellen, mit denen Hannibal zunächst in Afrika die Macht über Karthago zurückerlangen und danach in Italien einfallen wollte. Diese Attacke sollte Antiochos in der Zwischenzeit dazu nutzen, um Griechenland zu besetzen und die Römer damit in einen für sie hoffnungslosen Zweifrontenkrieg zu verwickeln (Livius XXXIV 60,3–6).

Die Historizität dieses Kriegsplans ist umstritten. Nicht selten wird er für eine Erfindung römischer Autoren gehalten, zumal der Grieche Polybios, dem in solchen Fragen gemeinhin das größere Vertrauen entgegengebracht wird, gerade *nicht* von ihm berichtet. Tatsächlich weist Hannibals Vorschlag, Rom in Italien zu bekämpfen, Auffälligkeiten auf, die es durchaus denkbar erscheinen lassen, dass die Römer ihm den angeblichen Plan erst nachträglich untergeschoben haben könnten. So erkennt man deutliche Parallelen zu der Absicht, die Hannibal schon 215 v. Chr. mit Hilfe der Makedonen verfolgt hatte, nämlich Rom an mehreren Fronten gleichzeitig kämpfen zu lassen; wir haben mithin eine Doublette vor uns. Darüber hinaus legt Livius nur wenige Kapitel vor seinem Bericht über den Hannibal-Plan dem römischen Konsul Publius Sulpicius Galba eine bemerkenswerte Rede in den Mund (Livius XXXI 7,2–15), in der dieser, um die Erklärung eines Krieges gegen Makedonien zu erreichen, seine zaudernden Mitbürger beschwört, dass sie unter allen Umständen vermeiden sollten, nach dem Kampf gegen Hannibal jemals wieder in Italien Krieg führen zu müssen – eine Rede, die als werkimmanente Antithese zum Vorschlag Hannibals gelesen werden kann, der einen ebensolchen Krieg in Italien einmal mehr zum Ziel hatte. Diese Beobachtungen liefern aber selbstverständlich keine Gewissheit gegen die Historizität des hannibalischen Vorschlags, ist es doch denkbar, dass der Karthager seine ursprüngliche Idee, Rom an mehreren Fronten gleichzeitig zu bekämpfen, weiterhin für völlig richtig hielt. Auch dass der Vorschlag von Antiochos letztlich nicht umgesetzt werden sollte, widerlegt seine Historizität nicht. Man kommt einer Lösung daher vielleicht näher, wenn man den Vorschlag nicht isoliert betrachtet (und nicht allein unter der römischen Perspektive einer Bedrohung Italiens, wie sie Livius einnimmt), sondern ihn vor dem Hintergrund der Lage versteht, vor die Hannibal sich nach seiner Flucht aus Karthago gestellt sah.

Nachdem Hannibal seiner Auslieferung nach Rom knapp entkommen war, führte ihn sein Weg notwendigerweise Richtung Osten, weil der westliche Mittelmeerraum seit dem Ende des Krieges gegen die Römer endgültig römisch dominiert war. Dort hätte sich Hannibal dem Zugriff durch die Römer (oder durch seine Gegner aus Karthago, das lief letztlich aufs Gleiche hinaus) nicht lang entziehen können. Aber auch im Osten hatte sich die politische Großwetterlage in den letzten Jahren erheblich verändert, und zwar ebenfalls nicht zum Vorteil des Flüchtenden. Im östlichen Mittelmeerraum hatte sich seit dem Zerfall des Alexanderreichs ein komplexes Geflecht größerer und kleinerer Nachfolgereiche gebildet. Nach einer ersten Phase längerer Instabilität ergab sich im Laufe des dritten vorchristlichen Jahrhunderts eine zumindest einigermaßen feste Gleichgewichtsordnung, die maßgeblich darauf aufbaute, dass sich drei Großmächte gegenseitig beargwöhnten: die Reiche der Ptolemäer in Ägypten, der Antigoniden in Makedonien und der Seleukiden, die die östlichen Gebiete des ehemaligen Alexanderreichs beherrschten, mit dem Zentrum in Syrien. Dazwischen gab es eine Reihe mittlerer und kleinerer Dynastien sowie die griechischen Städte, die sich teilweise zu Bundesstaaten zusammengeschlossen hatten. Diese hellenistische Staatenwelt war in ständiger Bewegung, Kriege und kleinere Grenzverschiebungen waren an der Tagesordnung, aber im Großen und Ganzen war die Ordnung stabil, solange sich die drei Großmächte die Waage hielten.

Die Waage drohte aber 204 v. Chr. aus dem Gleichgewicht zu geraten. In Ägypten war König Ptolemaios IV. gestorben und hatte sein Reich seinem erst fünfjährigen Sohn Ptolemaios V. hinterlassen. Diesen Moment der Schwäche wollten die Könige von Makedonien und Syrien, Philipp V. und Antiochos III., nutzen. Sie taten sich zusammen, um den Ptolemäern ihre außerägyptischen Besitzungen an der Levanteküste und in Kleinasien abzujagen. Den mittleren und kleineren Mächten der Region bereitete diese Entwicklung Sorge, und so sahen sich die Attaliden aus dem westlichen Kleinasien, die Inselpolis Rhodos vor der kleinasiatischen Küste und das noch immer leidlich mächtige Athen veranlasst, nach neuen Schutzmächten Ausschau zu halten. An dieser Stelle kam Rom ins Spiel, das seit gut zwanzig Jahren an der südöstlichen Adriaküste aktiv war und aufgrund dessen ohnehin seit Längerem in latentem Konflikt mit Makedonien stand; 215 v. Chr. hatte sich der Makedonenkönig Philipp daher sogar kurzzeitig mit Hannibal verbündet, was ihm die Römer natürlich weder vergessen noch vergeben hatten. Nicht zuletzt deshalb liehen sie den Beschwerdeführern aus dem Osten ihr Ohr.

Der römische Senat forderte Philipp ultimativ dazu auf, sich aus den ptolemäischen Besitzungen zurückzuziehen, und erklärte ihm, als er sich weigerte, im Jahr 200 v. Chr. den Krieg. Dieser zweite römisch-makedonische Krieg endete mit zwei Paukenschlägen: Im Jahr 197 v. Chr. besiegten die Römer unter Titus Quinctius Flamininus in der Schlacht von Kynoskephalai die als unbesiegbar geltende makedonische Phalanx; im Folgejahr proklamierte der siegreiche Flamininus die Freiheit der griechischen Städte von künftigen Tributforderungen und künftiger Besatzung. Darin eine verspätete Reaktion Roms auf die barkidische Freiheitsdiplomatie im Vorfeld des Hannibalkrieges

Büste des Antiochos III.

erkennen zu wollen, mit der Hannibal sich gegenüber Italikern und Griechen zum Vorkämpfer gegen Rom aufzuschwingen versucht hatte, hieße freilich, die Parallelen zu weit zu ziehen, zumal Hannibals Aufruf zur Waffenhilfe damals weitgehend ungehört verhallt war. Ohnehin war die Stoßrichtung der flamininischen Freiheitserklärung eine ganz andere: Die Römer stellten den Griechen explizit in Aussicht, sich gerade nicht weiter mit ihnen befassen zu wollen. Und wirklich: Sie zogen ihre Legionen nur kurze Zeit später aus dem Osten ab.

Faktisch hatte das alles jedoch dazu geführt, dass die Römer fortan als maßgebliche Garantiemacht der von ihnen erklärten Freiheit gelten mussten. Auch wenn sie sich noch nicht allzu intensiv und auch nicht dauerhaft vor Ort engagierten, behielten sie dadurch doch stets einen Fuß in der Tür. Gerade deshalb waren mögliche Zufluchtsorte für Hannibal im hellenistischen Osten nicht sonderlich zahlreich: Eine Zuflucht in Ägypten, Makedonien oder Griechenland kam nicht infrage, weil alle diese Regionen, mal mehr und mal weniger freiwillig, ins römische Lager gewechselt waren. Eigentlich blieben Hannibal nur zwei Optionen. Die erste Variante war, dass er sich in einem kleineren und peripehreren Gemeinwesen, das von der römischen Expansion noch nicht berührt war, aufs Altenteil zurückzog. Tatsächlich führte ihn seine Flucht zunächst nach Tyros, die alte karthagische Mutterstadt an der Levanteküste, zu der er schon vorher gute Beziehungen gepflegt hatte und in der er jetzt freundliche Aufnahme fand. Ein Rückzug aus dem öffentlichen Leben war aber offenkundig nicht seine bevorzugte Wahl, und so blieb Tyros nur eine Durchgangsstation. Hannibal hatte nicht die Absicht, sich zur Ruhe zu setzen, und diese Absicht konnte er mithin auch gar nicht haben. Für die Rente war er zu prominent, zumal die Römer mittlerweile klargemacht hatten, dass sie seiner habhaft werden wollten. Ruhe würden sie ihm daher nicht zugestehen, und damit wäre ein dauerhafter Rückzug nach Tyros zu einem Risiko geworden. Die machtlose Stadt bot Hannibal im Fall der Fälle keinen ausreichenden Schutz.

Im Sinne seiner eigenen Sicherheit blieb daher nur die zweite Variante: Hannibal musste Zuflucht an einem Ort finden, auf den die Römer nicht nur keinen Zugriff hatten, sondern der ihnen gegebenenfalls die Stirn bieten konnte. Dieser Ort konnte 195 v. Chr. nur das Seleukidenreich sein, die letzte Großmacht im hellenistischen Raum, die *de facto* eigenständig war, die ihn vor dem Zugriff seiner Feinde schützen konnte und möglicherweise sogar dazu in der Lage war, Roms Siegeszug endlich zu stoppen. Dass Hannibal gerade bei Letzterem gern behilflich sein wollte, ist nur natürlich, denn er wollte nicht sein ganzes restliches Leben im Exil fristen. Er wollte zurück nach Karthago – das war sein vordringlichstes Ziel. Dazu (oder gegebenenfalls auch dadurch, denn dafür sollte der Antiochos unterbreitete Plan ja dienen) musste aber erst einmal die römische Dominanz gebrochen werden.

Hannibal plante also, zum mächtigen König Antiochos III. zu gelangen. Dieser war angetreten, ein neuer Alexander zu werden, und in Erinnerung an diesen ließ er sich ‹der Große› betiteln. Mit dem echten Alexander hatte der Ururgroßvater des

Antiochos, Seleukos I., noch im Feld gestanden, der Ururenkel war nun zum Nutznießer des Krieges zwischen Rom und Makedonien geworden, in dessen Deckung er ab 197 v. Chr. neue Gebiete im westlichen Kleinasien unter seine Kontrolle gebracht hatte. Er hatte sich Lykien gegriffen, die Städte Xanthos und Ephesos eingenommen und sich schließlich auf der thrakischen Chersones festgesetzt, von wo aus er den Bosporus kontrollierte und mit einem Bein in Europa stand. Das schreckte einmal mehr die Mittelmächte in der Region auf, und einmal mehr drangen Pergamon und Rhodos in Rom auf Hilfe, ebenso die griechischen Städte, die ihre gerade erst von Flamininus erklärte Freiheit bedroht sahen. Rom nahm sich der Sache an und machte Antiochos in einer Reihe von Konferenzen und diplomatischen Missionen wiederholt klar, dass es von ihm erwartete, sich aus Europa und aus den griechischen Städten Kleinasiens zurückzuziehen. Antiochos sah allerdings keine Veranlassung, den römischen Drohgebärden Folge zu leisten. Krieg lag in der Luft.

Unter diesen Umständen konnte Hannibal mit guten Gründen davon ausgehen, dass der Seleukidenherrscher ihm Zuflucht gewähren würde. Es entbehrt nicht einer gewissen Ironie, dass Hannibals Weg jetzt wirklich zu Antiochos führte, nachdem seine Exilierung aus Karthago vor allem dadurch hervorgerufen worden war, dass seine Gegner ihn in Verdacht gebracht hatten, mit ebenjenem gegen Rom zu konspirieren. In gewisser Weise hatte Hannibal die Vorwürfe also nachträglich bestätigt, auch wenn sie 196/195 v. Chr. noch aus der Luft gegriffen waren, wofür allein schon spricht, dass Antiochos die Ankunft des Vertriebenen offenbar keineswegs händeringend erwartet hatte. Als Hannibal von Tyros aus in die Hauptstadt des Seleukidenreiches reiste, das syrische Antiochia, musste er jedenfalls erfahren, dass Antiochos gar nicht dort war, sondern in Kleinasien, weshalb Hannibal ihm dorthin nachreiste, um in Ephesos endlich mit ihm zusammenzutreffen und ihm seinen Kriegsplan zu unterbreiten.

Zu Hannibals Bedauern, und vielleicht auch zu seiner Überraschung, zeigte sich der König aber nur milde angetan von der Ankunft des Karthagers, auch wenn die römisch dominierten

Quellen das etwas anders darstellen, wobei sie freilich bestrebt sind, Hannibal, den ewigen Feind Roms, selbst noch in der Exilzeit als maßgeblichen *spiritus rector* jeglicher antirömischer Politik darzustellen. Zugegeben, ein erprobter General, der über langjährige Erfahrung im Krieg gegen Rom verfügte, musste Antiochos grundsätzlich willkommen sein, und der König gewährte dem Flüchtling ja durchaus Aufnahme. Gleichzeitig wusste der Seleukide aber offenbar nicht so recht, was er mit Hannibal genau anfangen sollte. Zum einen bemühte sich der König zum Zeitpunkt seiner Ankunft noch um einen Ausgleich mit den Römern, was durch Hannibals Anwesenheit nicht leichter wurde; zum anderen zeigte er sich für den Moment und in der Folge auffällig zurückhaltend, den Karthager in konkrete Entscheidungen einzubinden.

Die Gründe dafür waren vielfältig. Zunächst einmal glaubte Antiochos kaum, auf Hannibal angewiesen zu sein. Der König hatte bereits einen Stab erfahrener Militärexperten, und gerade die dürften noch weniger auf Hannibal gewartet haben als der König selbst, hatten sie doch begreiflicherweise wenig Lust, sich von einem Neuankömmling den Krieg erklären zu lassen. Die Spannungen am Hof werden in einer Anekdote sinnfällig, die Cicero überliefert: In Ephesos habe der namhafte Philosoph Phormion eine Vorlesung über die Feldherrenkunst gehalten, bei der auch Hannibal zugegen war. Phormions Einlassungen seien bei allen Zuhörern auf Zustimmung gestoßen, einzig Hannibal habe sich unbeeindruckt gezeigt und erklärt, er habe schon vielen blödsinnigen Greisen zugehört, Phormion aber sei unter diesen der größte (Cicero, *de oratore* II 18,75). Es war aber nicht allein das in dieser Episode hervorscheinende übergroße Selbstbewusstsein Hannibals, das Anstoß erregte; ein Detail verweist auf eine weitere Konfliktlinie: Hannibal habe seine despektierliche Äußerung in nicht ganz korrektem Griechisch vorgebracht. Inwiefern das zutraf, sei dahingestellt, immerhin hatte Hannibal eine gut griechische Erziehung genossen. Klar ist aber, dass sich die Karte des ‹barbarischen› Landfremden jederzeit spielen ließ – und entsprechend wohl auch gezogen wurde.

Daraus mochten sich Vorbehalte gegenüber Hannibal ergeben, der als Karthager in stereotyper Manier fast *per se* als nicht sonderlich vertrauenswürdig gelten konnte. Auch wenn eine von Livius referierte Unterstellung der Generäle, Hannibal würde selbst nach dem Thron des Antiochos streben, ein sehr weit hergeholter Vorwurf war, so blieb der König doch auf der Hut, nicht zuletzt, was den von Hannibal vorgetragenen Plan zum Krieg gegen Rom betraf. Zum einen hätte Hannibals Vorschlag den König und seine Generäle zu bloßen Hilfstruppen des Karthagers degradiert, was nicht mit dem königlichen Selbstverständnis des großen Antiochos zu vereinbaren war; zum anderen konnte Antiochos sich fragen, ob es eine gute Idee war, einem ihm letztlich kaum bekannten Condottiere eine zwar nicht riesige, aber immerhin noch erhebliche Zahl an Truppen zur Verfügung zu stellen. In diesem Kontext spielte vielleicht noch die Episode um einen phönikischen Kaufmann namens Ariston eine Rolle, den Hannibal nach Karthago vorausgeschickt haben soll, um die barkidischen Parteigänger im Geheimen über seine bevorstehende Ankunft zu informieren. Der offenkundig nicht übermäßig geschickte Agent machte sich in Karthago relativ schnell verdächtig, wurde enttarnt und gab Hannibals Gegnern damit die Möglichkeit, Rom vor dessen Umtrieben zu warnen.

Sofern Antiochos in die Ariston-Mission eingeweiht war – und damit im Grundsatz bereit gewesen wäre, Hannibals Plan in die Tat umzusetzen, wie Livius meint –, so tat er jetzt gut daran, doch nicht aktiv zu werden. Nachdem Rom Verdacht geschöpft hatte, war das Momentum für den angedachten Präventivschlag vorbei. Darüber hinaus mag sein Vertrauen in Hannibals Urteilsfähigkeit gelitten haben, immerhin hatte dieser den ungeschickten Ariston überhaupt erst rekrutiert. Und falls Hannibal sogar eigenmächtig gehandelt hatte, so musste Antiochos sich fragen, auf welchem Ticket sein Gast eigentlich reiste: auf dem des Königs oder doch auf seinem eigenen? Wie sehr das Vertrauen des Königs gelitten hatte, zeigte sich 193 v. Chr., als Rom eine Legation nach Ephesos sandte; es handelt sich um die Gesandtschaft, mit der Hannibal über den größten Feldherrn aller Zeiten disputiert haben soll. Der übermäßig vertraute Umgang des Karthagers mit den römischen Legaten soll laut der einhelligen Meinung von Polybios und Livius bei Antiochos nicht gut angekommen sein. Nur mit größter Mühe, unter anderem mit einer rührseligen Geschichte, wie er schon in seiner Kindheit einen Eid geschworen hätte, den Römern ewig Feind zu sein, konnte Hannibal das Misstrauen des Königs ausräumen, allerdings nur notdürftig.

Denn als der Krieg des Antiochos gegen die Römer 192 v. Chr. schließlich ausbrach, sah Hannibal sich früh aufs Abstellgleis geschoben. Immerhin wurde seine Meinung beim finalen Kriegsrat noch einmal eingeholt. Hannibal beschwor Antiochos, den Makedonenkönig Philipp V. als Verbündeten zu gewinnen und dann endlich auf seinen Rat zu hören und den Krieg nach Italien zu tragen. Seinen eigenen möglichen Beitrag minimierte Hannibal diesmal wohlweislich, wies allerdings (nicht gerade subtil) darauf hin, dass er gewisse Erfahrungen in Kriegen gegen die Römer hatte. Trotzdem konnte Hannibal sich auch diesmal kein Gehör verschaffen. Ohnehin dürfte der Makedonenkönig Philipp keine übergroßen Ambitionen gehegt haben, sich nur fünf Jahre nach seiner Niederlage gegen die Römer der Gefahr auszusetzen, abermals gegen sie zu verlieren, womit Hannibals Plan von vornherein nicht durchführbar gewesen wäre. Der Karthager hatte sich schon in Italien darin getäuscht, wie leicht römische Verbündete zum Abfall zu bewegen waren.

Die Generäle des Antiochos hingegen scheiterten mit ihrem Feldzug gegen die Römer in Europa in Rekordzeit. Bereits 191 v. Chr., in der ersten größeren Schlacht, konnten die Römer die seleukidischen Truppen an den Thermopylen überwinden und sie damit zum Abzug nach Kleinasien zwingen. Dort brachte Lucius Cornelius Scipio, der Bruder des Africanus, der ebenfalls am Krieg teilnahm, Antiochos im Winter 190/189 v. Chr. bei Magnesia dann die entscheidende Niederlage bei. Der Krieg war verloren. Hannibal hatte all dem weitgehend tatenlos zusehen müssen. Antiochos hatte ihm keine Funktion bei seiner Hauptstreitmacht zugestanden, sondern ihm den Auftrag erteilt, sich stattdessen nach Phönikien und Syrien zu begeben und eine Flotte zum Schutz der Versorgungswege in der Ägäis zu sammeln. Hannibal hatte gehorcht, war aber im Sommer 190 v. Chr. beim südanatolischen Side, noch beim Aufmarsch ins Operationsgebiet, von einer Flotte der mit Rom verbündeten Rhodier besiegt und fortan blockiert worden. Seine Schiffe konnten keinen Vorstoß mehr wagen.

Immerhin hatte sich Hannibal damit die Peinlichkeit erspart, plötzlich gegen die Scipionen, seine Patrone aus Rom, im Feld zu stehen, die den Feldzug in Kleinasien leiteten. Trotzdem konnte Scipio Africanus, der Hannibal 202/201 und vielleicht auch noch 195 v. Chr. vor der Auslieferung bewahrt hatte, seinen Klienten diesmal nicht mehr schützen. In den Verhandlungen mit Antiochos forderten die Scipionen vom unterlegenen Seleukidenherrscher die Auslieferung des Renegaten, seine Schonung lag nicht mehr im Bereich des Möglichen. Zum einen hatte sich die Position des römischen Senats, was Hannibal betraf, seit 195 v. Chr. nicht geändert, zum anderen hatte der Karthager im Antiochos-Krieg die Waffen gegen Rom erhoben, selbst wenn sein Beitrag dabei unbeabsichtigt klein geblieben war. Es schien in der Tat so, dass es dort, wo Hannibal war, für das römische Volk niemals Frieden geben könne, wie die Scipionen laut Livius ihre Auslieferungsforderung begründeten (Livius XXXVII 45,16). Ein wenig glich die Forderung nach der Auslieferung dem erprobten Umgang Roms mit feindlichen Gemeinwesen (nicht zuletzt mit Karthago): Nach einem ersten Sieg beschnitt Rom meist nur die Macht der Feinde, nach einem abermaligen Sieg brachte es sie in völlige Abhängigkeit. Wenn aber sogar ein dritter Waffengang notwendig wurde, dann wurden die widerständigen Gegner schlussendlich vernichtet. Hannibal hatte seine Freischüsse aufgebraucht.

Vielleicht erwies der gescheiterte Antiochos seinem verhinderten Strategen bei alldem aber noch einen letzten Dienst: Die Verhandlungen zwischen dem König und den Römern zogen sich relativ lang hin und endeten erst 188 v. Chr. im Frieden von Apameia. In der Zwischenzeit war es Hannibal gelungen, mutmaßlich mit Duldung des Antiochos (vielleicht auch unter einem letzten Stillhalten der Scipionen?), seinen Kopf aus der

Schlinge zu ziehen. Er setzte sich aus dem Seleukidenreich ab und seine Flucht vor den Römern fort. Mit dem Leben war er also davongekommen; eine realistische Chance, irgendwann einmal seinen Plan umzusetzen und nach Karthago zurückzukehren, hatte er nach der Niederlage des letzten ernstzunehmenden Rivalen der Römer aber nicht mehr.

X. Hannibals Tod: Roms Erlösung

Einige Jahre später war das Spiel aus: Hannibal, der 189 v. Chr. seine Zuflucht im Reich des Antiochos verloren hatte, war über Umwege zu König Prusias I. ins nordkleinasiatische Bithynien gelangt. Diesen suchte 183 v. Chr. eine hochrangige römische Delegation auf, um in einem Krieg zwischen Prusias und den Attaliden zu vermitteln. Wenig überraschend erneuerten die Römer bei dieser Gelegenheit ihre alte Forderung, Hannibal auszuliefern. Anders als Antiochos einige Jahre zuvor, konnte sich Prusias dem Ansinnen nicht widersetzen. Er sandte daher einige Männer, um seinen Gast festzunehmen. Zwar hatte Hannibal sein Haus für einen solchen Fall vorsorglich mit Geheimausgängen versehen lassen, diese waren aber offenbar nicht geheim genug, sodass Prusias' Häscher sie besetzen konnten. Als Hannibal sich bewusst wurde, dass er sich dem Zugriff diesmal nicht entziehen konnte, entschied er sich, seinem Leben an Ort und Stelle ein Ende zu setzen, um nicht schmählich in Rom sterben zu müssen. Er soll aber nicht gegangen sein, ohne der Nachwelt letzte Worte zu hinterlassen. Vor seinen Begleitern und den wenigen Getreuen, die ihm geblieben waren, hielt Hannibal eine kurze Ansprache, die das römische Auslieferungsgesuch mit beißendem Spott und bitterem Sarkasmus kommentierte: «Wir wollen das römische Volk von einer langen Sorge befreien, da es glaubt, es dauere zu lange, auf den Tod eines alten Mannes zu warten.» Danach stieß der Karthager ein paar Verwünschungen gegen seinen verräterischen Gastgeber Prusias aus, nahm einen mit Gift gefüllten Becher, trank ihn und starb (Livius XXXIX 51,9–11).

Berühmte letzte Worte sind als literarische Gattung und erst recht als historische Quellen notwendigerweise problematisch. Das gilt umso mehr für die Antike, in der sich Historiker mehr als Literaten verstanden denn als kritische Wissenschaftler neuzeitlichen Zuschnitts. Dass der dem Tode geweihte Hannibal im Angesicht seines bevorstehenden Endes überhaupt etwas sagte, ist dabei kaum zu bezweifeln; inwiefern sich seine Einlassungen aber mit dem Wortlaut der bei Livius überlieferten Rede deckten – in der römischen Tradition und gut 200 Jahre später –, ist hingegen nicht mehr eindeutig auszumachen. Im Fall von Hannibals finaler Ansprache lassen sich aber, bei aller gebotenen Vorsicht, zumindest keine Anhaltspunkte finden, die seine Rede eindeutig als nachträgliche Fälschung erweisen würden. Um es in Anlehnung an einen anderen antiken Historiker zu sagen, nämlich an den klassischen Griechen Thukydides (ca. 460–400 v. Chr.), der in seinem Geschichtswerk über die von ihm verschiedentlich erfundenen Reden methodisch reflektiert: Ein historischer Hannibal hätte im Angesicht seines bevorstehenden Todes durchaus so sprechen können, wie es der historiographische Hannibal bei Livius tut.

Die Ansprache am Ende seines Lebens zieht gewissermaßen Bilanz. Sofern sie historisch ist, unterzog Hannibal sein Lebenswerk also selbst einer nachträglichen Sinnstiftung: Seine Großtaten im Krieg gegen Rom hallten noch Jahre später derart gewaltig nach, dass sie letztlich sein Ende besiegelten. Dass die Römer ihm auch dann noch unbedingt den Garaus machen wollten, als er längst keine Gefahr mehr für sie darstellte, unterstrich den Eindruck, den er zeit seines Lebens auf seinen angeblichen Schwurfeind gemacht hatte, und taugte damit sowohl zum Eigenlob als auch gleichzeitig zur finalen Kritik an der Unbarmherzigkeit der Römer, die ihn seit 195 v. Chr. um die halbe Welt gejagt hatten, seiner aber zumindest bis dato niemals habhaft geworden waren. Bislang hatte Hannibal den Nachstellungen immer knapp entkommen können, sowohl bei der Flucht aus Karthago als auch am Ende des Krieges der Römer gegen Antiochos, als er sich rechtzeitig aus dem Seleukidenreich zurückgezogen hatte. Über sein darauf folgendes Schicksal sind wir nur noch bruchstückhaft informiert, und etliches von dem, was berichtet wird, zahlt anekdotenhaft auf das bekannte und mithin stereotype Bild eines listenreichen Karthagers ein, ist also bereits unter einem biographischen Leitmotiv ausgewählt worden – was freilich nicht heißt, dass die einzelnen Episoden an sich unhistorisch sein müssen.

Die erste Station seiner zweiten Flucht war 189 v. Chr. Kreta, wo Hannibal sich nach Gortyn begab. Der römische Biograph Cornelius Nepos (ca. 100–28 v. Chr.) schildert, wie Hannibal dort Sorge trug, seine immer noch beträchtliche Fluchtkasse vor dem Zugriff der Kreter zu sichern, die (ähnlich wie die Karthager) im Ruf standen, nicht allzu vertrauenswürdig zu sein. Hannibal ließ etliche Amphoren mit Blei füllen und deckte sie mit einer jeweils nur dünnen Schicht Gold, um sie ins Heiligtum der Artemis in Gortyn zu schaffen, wo er sie der trügerischen Fürsorge seiner Gastgeber anvertraute. Den Großteil seines Reichtums versteckte er hingegen in wertlosen Eisenstatuen, die er, scheinbar achtlos, im Hof seiner Herberge herumliegen ließ (Nepos, *Hannibal* IX). Diese Maßnahme erwies sich als goldrichtig, denn Hannibals Aufenthalt auf Kreta war nur von kurzer Dauer. Bald nach ihm war der römische Flottenkommandant Quintus Fabius Labeo auf der Insel gelandet, um der römischen Ordnungsfunktion im östlichen Mittelmeerraum nachzukommen und einen Streit der Städte Gortyn und Knossos mit Kydonia zu schlichten. In dieser Situation stand zu befürchten, dass Hannibals Gastgeber ihn zur Auslieferung anbieten würden, zum einen, um sich mit Rom gutzustellen, zum anderen, um seinen Reichtum unterschlagen zu können. Der Karthager raffte daher eilig die Statuen im Innenhof seiner Unterkunft zusammen, bestieg ein Schiff und machte sich wieder auf den Weg.

Der nächste Zielort war Armenien, eine Landschaft im äußersten Osten von Kleinasien, die aus römischer Perspektive derart randständig war, dass der Flüchtende nicht befürchten musste, dass die Römer ihm dort unmittelbar nachstellen würden. Aus seiner Zeit am Hof des Antiochos war Hannibal möglicherweise mit König Artaxias I. bekannt, der bis zum Krieg des Antiochos gegen die Römer als Satrap des Seleukidenherrschers fungiert hatte, sich infolge der Niederlage seines Herrn aber losgesagt und ein eigenes Königtum begründet hatte. Über den Aufenthalt Hannibals in Armenien ist wenig bekannt. Aus zwei beiläufigen Hinweisen der Quellen wissen wir nur, dass er im Auftrag des Artaxias eine Stadt gegründet haben soll, Artaxata. Trotz der dünnen Belege ist die Information glaubhaft, die Barkiden hatten immerhin Erfahrung in der Anlage von Städten. Hamilkar hatte einst mit Akra Leuke eine Operationsbasis in Iberien gegründet, Hasdrubal eine Siedlung am Mittelmeer zu einem der wichtigsten Zentren der Iberischen Halbinsel aufgewertet, Neukarthago. Hannibal hatte beide Gründungen aus nächster Nähe verfolgen können; vielleicht war er später, in seiner kurzen Zeit in Karthago nach dem Krieg gegen Rom, selbst an der Anlage eines Viertels in seiner Heimatstadt beteiligt. In den 190er Jahren wurde jedenfalls am Fuße der Byrsa ein neues Gebiet erschlossen und besiedelt, wie archäologische Untersuchungen zeigen. In Bithynien sollte Hannibal später auch König Prusias bei der Anlage einer neuen Hauptstadt beraten, die nach dem König ‹Prusa› benannt wurde (das heutige Bursa).

An der Stadt in Armenien konnte sich Hannibal aber nicht lange erfreuen. Schon 186 v. Chr. verließ er sein Exil wieder. Möglicherweise zeigte sein Gastgeber Bestrebungen, seine noch junge Herrschaft durch Rom anerkennen zu lassen, um sich gegen etwaige Aggressoren zu immunisieren, nicht zuletzt gegen Wiedergewinnungsbestrebungen seitens der Seleukiden. In diesem Fall wäre die Personalie Hannibal wieder aufs Tapet gekommen. Was aber auch immer der Grund für die Abreise war, Hannibal benötigte abermals einen neuen Zufluchtsort. Vorsichtig durchquerte er Syrien und gelangte schließlich zu König Prusias I. von Bithynien. Dessen Reich im Nordosten von Kleinasien war schwerlich eine der ganz großen Adressen unter den hellenistischen Königtümern. In seiner Lage konnte Hannibal aber nicht wählerisch sein. Immerhin war Prusias bereit, ihn überhaupt aufzunehmen. Dazu trug sicher bei, dass sich der König in Konflikt mit dem benachbarten Reich der Attaliden von Pergamon befand, die als die treuesten Partner Roms in der Region galten. In diesem Konflikt hatte er Verwendung für den ehemaligen karthagischen Generalissimus, der damit ein letztes Mal sein Kriegsgeschick unter Beweis stellen durfte, wenn auch, wie unter Antiochos, wieder nur in der von ihm wohl nie übermäßig geliebten Rolle des Flottenkommandanten. Als Hannibal 185 v. Chr. im Marmarameer auf die pergamenische Flotte traf, befehligt vom Attalidenkönig Eumenes II. höchstpersönlich, soll er, um zu erfahren, auf welchem Schiff sich der König befand, einen Boten mit einer angeblich wichtigen Nachricht zu ihm geschickt haben, nur um zu beobachten, zu welchem Schiff der Bote geleitet wurde. Das Aufeinandertreffen konnte Hannibal danach für sich entscheiden (Nepos, *Hannibal* XI).

Das war Hannibals letzter Erfolg, und es war der bithynisch-pergamenische Krieg, der sein Schicksal besiegeln sollte, rief er doch einmal mehr Rom auf den Plan: 183 v. Chr. hatten sich die Pergamener in Rom über Prusias (und über Philipp V. von Makedonien, dem sie vorwarfen, die Bithynier zu unterstützen) beschwert, woraufhin der Senat eine Gesandtschaft unter Titus Quinctius Flamininus nach Kleinasien schickte, um zu vermitteln, bzw. genauer: um die Ansprüche der römischen Verbündeten zu vertreten. Neben der Beilegung der Kämpfe verlangte Flamininus von Prusias nun auch die Auslieferung Hannibals. Dass es dafür eine sachliche Notwendigkeit gab, war offenbar umstritten – zumindest Hannibal verneinte eine solche in seinen letzten Worten ja vehement. Und sogar in Rom soll es Stimmen gegeben haben, die ihm in diesem Punkt zustimmten. Der kaiserzeitliche Philosoph und Biograph Plutarch (ca. 45–125 n. Chr.) schildert eine innerrömische Debatte, die in ähnlichen argumentativen Bahnen verlaufen sei, wie sie Hannibal bei Livius vorgegeben hatte: Flamininus hätte sich mit dem Beharren auf Hannibals Auslieferung an einem Mann vergriffen, der ihn nichts anging und der faktisch ohnehin schon ein Leichnam gewesen sei (Plutarch, *Flamininus* XXI 1 f.).

Tatsächlich war Hannibal längst kein Machtfaktor *sui generis* mehr, zehrte er doch nur mehr vom Ruhm vergangener Taten, die ihn zwar noch dem ein oder anderen römischen Gegner empfehlen mochten; in der Position eigenen Ruhm zu erwerben, mithin sein Schicksal in der eigenen Hand zu halten, war er aber schon lange nicht mehr. Er diente nur noch fremden Herren, gründete für sie Städte, schlug für sie Schlachten, war aber immer vom Wohlwollen und von der Initiative seiner Gastgeber abhängig, die selbst nicht mehr zur ersten Riege der antiken Potentaten gehörten.

Das war allerdings nur die halbe Wahrheit, zumindest aus Sicht der Römer. Denn auch wenn Hannibal selbst keine Macht mehr besaß, so blieb er allein durch seine Anwesenheit ein Unruhefaktor im hellenistischen Osten. An Roms legendärem Gegner, der Rom gegenüber kritisch gesinnten Kreisen als Verkörperung alles Antirömischen gelten mochte, konnten sich die latenten Vorbehalte gegen die noch frische römische Fremdherrschaft kristallisieren. So greifen wir Spuren antirömischer Publizistik, die sich des Namens ‹Hannibal› bediente. Bekannt ist ein (in seiner Datierung freilich umstrittenes) Fragment eines Briefes, den Hannibal, der «König der Karthager» an die Bürger von Athen geschickt haben soll und in dem unter Verweis auf Cannae ein baldiger Niedergang Roms vorausgesagt wird. Flugschriften wie diese bargen gehörige Sprengkraft, denn auch wenn es sich bei dem Brief offenbar um eine Fälschung handelte, so affirmierte er doch Hannibal als Symbol dafür, dass die römische Macht nicht unanfechtbar war. Hannibal wurde aber nicht allein ein Opfer schwer zu kontrollierender Identitätsdiebstähle, sondern machte auch selbst aktiv Stimmung. In einem Schreiben an die Rhodier gab er einen Bericht von Roms Krieg gegen die kleinasiatischen Galater, der 189 v. Chr. von Gnaeus Manlius Vulso aus purer Ruhm- und Habsucht provoziert und mit größter Grausamkeit durchgefochten worden war. Dieser Galaterfeldzug war wahrlich kein Ruhmesblatt für Rom, und sogar die Römer selbst hatten entsprechend versucht, Manlius zu belangen. All das wird Hannibal seinen Adressaten detailliert vor Augen geführt haben, mithin, um sie vor der römischen Herrschaft zu warnen.

Eingedenk dessen ist verständlich, dass man in Rom der Meinung sein konnte, «es dauere zu lange, auf den Tod eines alten Mannes zu warten». Denn auch wenn Hannibal Rom nicht mehr unmittelbar in Bedrängnis bringen konnte, so barg allein die Erinnerung an seine einstigen Taten subversives Potential. Dem galt es entgegenzuwirken. Entsprechend sollte die Grundsätzlichkeit der innerrömischen Kritik am Vorgehen des Flamininus nicht überschätzt werden. Der Römer handelte sicherlich nicht eigenmächtig, als er von Prusias die Herausgabe Hannibals forderte, geschweige denn gegen den Willen einer Mehrheit seiner Mitbürger. Dass Flamininus überhaupt erst in Bithynien von Hannibals Anwesenheit erfahren haben soll, ist ohnehin nicht glaubhaft, wie Plutarch feststellt; die Pergamener werden seine Personalie bei ihrer Beschwerde gegen Prusias in Rom schwerlich verschwiegen haben. Insofern kann man annehmen, dass Flamininus vom Senat ermächtigt worden war, Hannibals Auslieferung zu verlangen. Zumindest aber durfte er davon ausgehen, dass sich die offizielle Position des Senats in der Sache seit 195 v. Chr. nicht geändert hatte.

Die Kritik, auf die Flamininus in Rom gestoßen war, ist vor diesem Hintergrund in erster Linie innenpolitisch zu deuten, und sie hatte wenig damit zu tun, dass es in Rom gewichtige Kreise gegeben hätte, die Hannibal schonen wollten oder gar die Stimme zu seiner Rettung erhoben hätten – das hatten sie eben nicht, zumindest nicht *vor* seiner Ausschaltung. Es war eher so, dass die Gegner des Flamininus, des Siegers über die Makedonen und mächtigen Griechenlandexperten (vgl. S. 95–96), nicht ausgerechnet ihm auch noch die lang ersehnte Erledigung Hannibals kreditieren wollten, selbst wenn sie mit der Sache an sich kein Problem hatten. Nachdem (!) die Ausschaltung des einstigen Feindes erfolgt war, wurde Flamininus' Erfolg von seinen römischen Gegnern daher nachträglich geschmälert, indem sie ihn als letztlich unnötigen und mithin unwürdigen Epilog eines schon seit zwanzig Jahren entschiedenen Krieges darstellten. Dass Hannibal das in seinen letzten Worten ganz ähnlich formuliert haben mag, heißt nicht, dass die Flamininus-Gegner die Perspektive des Karthagers übernommen hätten. Sie waren zwar zu einer ähnlichen Pointe gelangt, aber aus anderen Gründen.

Wenn aber die Rivalen des Flamininus in Rom Hannibals Tod nicht verhindert hatten, wieso hatte Hannibal es dann nicht selbst getan? Vielleicht hätte er sein Heil noch einmal in der Flucht suchen können. Nachdem Prusias die Geheimtüren seines Hauses hatte besetzen lassen, war es dafür zwar zu spät, dem Karthager muss aber auch schon vorher klar gewesen sein, dass die Ankunft römischer Gesandter am Hof seines Gastgebers nichts Gutes bedeuten konnte. Nur, was wäre die Alternative gewesen? Hannibal gingen die Zufluchtsorte aus. Der Mittelmeerraum war ihm verschlossen, und sogar bis in die hinteren Winkel Kleinasiens reichte der römische Arm inzwischen. Selbst den Römern so distanziert gegenüberstehende Fürsten wie Prusias konnten ihm keinen wirksamen Schutz mehr bieten. Das heißt nicht, dass es gar keine sicheren Orte mehr gegeben hätte, zumal der Karthager gebildet genug war, um sich letztlich in allen Ländern zurechtzufinden, die in irgendeiner Weise von der kulturellen Koiné des Hellenismus berührt worden waren. Um solche Orte zu finden, hätte Hannibal sich aber endgültig an den Rand der ihm bekannten und vertrauten Welt begeben müssen.

Geographisch naheliegend wäre eine Flucht in die nördlichen Küstenregionen des Schwarzen Meeres gewesen, wie sie mehr als hundert Jahre später ein anderer Todfeind der Römer unternehmen sollte, Mithridates VI., der König von Pontos. Aber was hätte dort auf ihn gewartet? Sollte Hannibal in Diensten immer neuer fremder Kleinkönige noch mehr Städte gründen, die doch nicht seinen Namen trugen, sondern die Namen seiner Auftraggeber? Hätte er, der über Jahrzehnte hinweg das mächtige Rom in Angst und Schrecken versetzt hatte, sich im Auftrag lokaler Dynasten nochmals in regionale Kleinkriege einschalten sollen? Und vor allem: Wollte er in der Peripherie wirklich darauf warten, dass die Römer, die ihren Machtbereich so rasant ausdehnten, bald schon wieder vor seiner Haustür stehen würden? Zu alldem war Hannibal, mittlerweile knapp sechzig Jahre alt, nicht mehr bereit. So wählte er statt einer rechtzeitigen Flucht den Giftbecher und erlöste damit nicht nur die Römer vor der Angst vor einem alten Mann, sondern diesen alten Mann zugleich vor den ewigen Nachstellungen der Römer.

Immerhin – wenigstens im Tod gewährte Rom Hannibal Ruhe. Flamininus vergriff sich nicht an seinem Leichnam, der an seinem letzten Aufenthaltsort, in Libyssa, am Golf von Astakos, in einem Grabhügel bestattet wurde. Noch Jahrhunderte später war das Grab bekannt. Um 200 n. Chr. ließ niemand Geringeres als der römische Kaiser Septimius Severus, der selbst aus Afrika stammte, es instand setzen. Ob der alternde Hannibal noch eine Bedrohung für Rom gewesen war, darüber ließ sich streiten; der tote Hannibal war es aber sicher nicht mehr – umso weniger, als nur gut 35 Jahre nach seinem Tod auch die Geschichte seiner Heimatstadt geendet hatte und Karthago später unter Kaiser Augustus als römische Stadt neu gegründet worden war. Die Genugtuung, endlich Rache an Roms größtem Feind genommen zu haben, mag sich in einigen Kreisen noch länger gehalten haben, wie man am römisch-kaiserzeitlichen Satiriker Juvenal erkennen kann, der sich aus diesem Motiv heraus 250 Jahre später an Hannibals Machtlosigkeit im Exil und an seinem erzwungenen Selbstmord ergötzte (Juvenal, *Saturae* X 159–167). Die genuine Angst hingegen muss schnell verflogen sein.

XI. Epilog: Roms größter Feind?

Dass bereits unmittelbar nach Hannibals Tod (wenn nicht sogar noch zu seinen Lebzeiten) ein Prozess der nachträglichen Literarisierung seines Lebens einsetzte, zeigt sich in der Kontroverse um sein genaues Todesjahr. Während Polybios Hannibals Tod auf 182 v. Chr. datiert, bevorzugt die römische Tradition das Jahr 183 v. Chr. Diese Frühdatierung hatte für die Römer den Charme, Hannibal ein letztes Mal mit seinem wichtigsten römischen Antagonisten Scipio Africanus parallelisieren zu können, der ebenfalls 183 v. Chr. in seinem selbst gewählten Exil im kampanischen Liternum gestorben war, nachdem man ihn aufgrund von Unterschlagungsvorwürfen aus Rom vertrieben hatte. Hinzu kam, dass in zeitlicher Nähe noch ein dritter berühmter Feldherr den Tod gefunden hatte, der Grieche Philopoimen, der, ähnlich wie Hannibal, im Angesicht der Gefangennahme durch seine Feinde den Giftbecher wählte. Damit wären die drei berühmtesten Feldherren ihrer Zeit, ein Römer, ein Grieche und eben der Karthager, gleichzeitig aus dem Leben geschieden – und darüber hinaus alle drei als gescheiterte Figuren (Livius XXXIX 52,7).

Damit ist eine besonders prägnante Linie für die biographische Deutung von Hannibal bezeichnet, eine Linie, die noch heute meist genutzt wird, wenn man sich dem Leben des Karthagers widmet: Hannibal erscheint als begnadeter Feldherr, der letztlich tragisch an seiner persönlichen historischen Mission gescheitert war, nämlich dem Kampf gegen die aufstrebende Weltmacht Rom. Tatsächlich ist es diese Sicht auf seine Vita, die Hannibal, an den wenigen Stellen, an denen wir möglicherweise seine eigene Perspektive in der Überlieferung greifen können, auch selbst nahelegt: Seine vorgebliche historische Mission ist Fluchtpunkt der Geschichte um seinen kindlichen Eid zum

Römerhass, die er in den 190er Jahren Antiochos III. erzählt haben soll; der demselben vorgeschlagene Kriegsplan gegen Rom scheint ebenso Hannibals unablässlichem Ringen gegen die Römische Republik geschuldet zu sein wie sein Brief an die Rhodier, in dem er diese vor den Römern warnte; und im Lamento am Ende seines Lebens (sofern es denn historisch ist) beklagte er, dass er mit seinem Lebenswerk final gescheitert war und schlussendlich doch noch der Rache seiner Schwurfeinde erliegen sollte.

Im Angesicht dieses Befundes ist nicht zu leugnen, dass das biographische Grundmotiv von Hannibal als ‹Roms größtem Feind› in seinem Leben und Wirken durchaus angelegt war – und im rückschauenden Blick auf dieses Leben und Wirken nicht zu Unrecht meist ins Zentrum gestellt wird, sei es von modernen Historikerinnen und Historikern, von antiken Quellenautoren oder auch schon von Hannibal selbst. Der historische Hannibal ist insofern fast untrennbar mit seinem historiographisch-biographischen Abbild verwoben, und aus diesem Grund ist das so omnipräsente Motiv des tragisch gescheiterten Rom-Kämpfers derart dominant, dass selbst eine noch so spitzfindige Quellenkritik nicht zu einem vorgeblich ‹reinen› Kern hinter diesem Bild wird durchdringen können. So hängen immerhin alle Aussagen zu Hannibal und zu seinem Charakter von der spezifisch biographischen Sicht unserer (meist römischen) Gewährsmänner auf ihn ab und sind damit wiederum Ergebnis seines historischen Ringens und seines Scheiterns.

So stellen die Quellen wiederholt fest, dass Hannibal gierig gewesen sei, über die Maßen grausam und zudem tückisch. Der Vorwurf der Tücke greift dabei auf ein allgemein gängiges Vorurteil gegenüber ‹den Karthagern an sich› zurück und bedient ein erkenntnisleitendes Interesse der nicht-karthagischen Beobachter am Wirken des Feldherrn. Der schien diese Erwartungen immer wieder zu bestätigen, zum Beispiel wenn er sich im Laufe seines Italienfeldzugs ausgeklügelter Listen bediente, nicht zuletzt im Angesicht des überlegenen römischen Wehrpotentials. Es waren entsprechend die Römer, die Hannibal ein militärisch sinnvolles Vorgehen als charakterliche Schwäche auslegten und sich damit in der Überlieferung letztlich durchsetzten, eben weil sie aus dem blutigen Konflikt als Sieger hervorgegangen waren, und das, wie sie selbst meinten, auf Basis ihrer eigenen moralischen Überlegenheit. Hannibal wurde damit zur Projektionsfläche für den angeblich vorbildlichen Charakter der Römer, die sich viel auf ihre Treue, ihre *fides*, einbildeten und sich in diesem Sinne positiv (und Identität stiftend) von ihrem Gegner abhoben. Der tückische Hannibal ist also weniger eine genuin karthagische Figur als ein römischer Antiheld.

Beim Vorwurf der Grausamkeit verhält es sich ähnlich. Geschichten über Kriegsgräuel Hannibals hielten sich bis in die römische Kaiserzeit. Der unter Kaiser Tiberius (reg. 14–37 n. Chr.) schreibende Rhetor Valerius Maximus überliefert eine ganze Reihe von Schauergeschichten, unter anderem die, dass Hannibal eine Brücke aus Leichen erschlagener Römer hätte bauen lassen. Die Beharrungskraft solcher Geschichten lässt sich auf die traumatische Erfahrung der Römer im Hannibalkrieg zurückführen, der die Römische Republik in eine existentielle Krise gestürzt und einen enormen Blutzoll gefordert hatte. Grundsätzlich wird der Befund sogar vom Griechen Polybios bestätigt, der, anders als die römischen Historiker, bemüht war, ein ausgeglicheneres Bild von Hannibal zu zeichnen. Polybios relativiert den Befund aber gleich wieder, indem er auf die spezifischen Umstände und Zwänge des Krieges hinweist, in die Hannibal sich gestellt sah. Auch der vorgebliche Charakterzug der Grausamkeit ist also Ergebnis von Hannibals Ringen und seiner Niederlage gegen Rom. Der Vorwurf der Gier schließlich ist ähnlich wohlfeil: Zum einen deckt er sich wieder mit generellen Stereotypen über die Karthager, die ihren Aufstieg zur antiken Großmacht nicht zuletzt ihren Handelsaktivitäten zu verdanken hatten, was von landbesitzenden Eliten, wie sie in Rom und in Griechenland bestimmend waren, *per se* skeptisch beäugt wurde. Zum anderen lässt sich kaum behaupten, dass Hannibal mit seiner persönlichen Aneignung von Reichtümern (die an sich gar nicht bestritten werden muss) ein übliches Maß überschritten hätte; in seinem Sufetat 196 v. Chr. griff gerade er die verbreitete Korruption in seiner Heimatstadt an.

Es bleibt dabei: Das, was wir über Hannibal sagen können – oder meinen, sagen zu können –, deckt sich immer mit den Ideen, die nachträgliche Beobachter von ihm hatten, insbesondere die Römer. Das gilt übrigens auch für sein Bildnis. Laut Plinius (23/24–79 n. Chr.) habe es im ersten nachchristlichen Jahrhundert in Rom nicht weniger als drei Hannibalstatuen gegeben (was freilich nicht dazu beiträgt, dass wir heute wüssten, wie er wirklich ausgesehen hat; die berühmte Büste aus Capua, die meist zu seiner Illustration verwendet wird, stammt jedenfalls aus der Renaissance). Darin zeigt sich geradezu sinnbildlich die Aneignung seiner historischen Persönlichkeit in letztlich römischen Kontexten, mithin eine Romanisierung seines Andenkens, die im dominierenden biographischen Motiv des ebenso entschlossenen wie glücklosen Rom-Kämpfers bis heute fortgeschrieben wird.

Die Entwicklung anderer Bilder war im Laufe seines Lebens zumindest möglich. An verschiedenen Lebensstationen, denen wir uns auf den zurückliegenden Seiten gewidmet haben, zeigt sich, dass das dominierende Bild keine historische Zwangsläufigkeit beanspruchen kann. Mit einem Sieg im karthagisch-römischen Krieg wäre Hannibal wohl in erster Linie als Bewahrer der karthagischen Groß- und dann vielleicht als Begründer einer karthagischen Weltmacht in die Geschichte eingegangen; vielleicht hätte er Antiochos III. nicht als Flüchtling in Ephesos, sondern als Gegner auf dem Schlachtfeld getroffen; und vielleicht hätte er statt Artaxata und Prusa diverse neue Karthagos oder gar ‹Hannibalopoleis› gegründet – so wie Alexander, der größte Feldherr aller Zeiten, der Welt etliche Alexandreias hinterlassen hat. Mit einem Sieg des Antiochos gegen die Römer hätte Hannibal wohl zumindest nach Karthago zurückkehren können; vielleicht wäre er in der Folge tatsächlich der ‹König der Karthager› geworden, eine Rolle, die die Barkiden in Iberien schon in gewisser Weise geprobt hatten und die Hannibal in seinem (freilich gefälschten) Brief an die Athener zumindest von dritter Seite zugewiesen worden war. Und hätten sich die Karthager 149 bis 146 v. Chr. wenigstens im dritten karthagisch-römischen Krieg behauptet, so hätte Hannibal beanspruchen

‹Hannibal› (die Capua-Büste zeigt faktisch weder Hannibal noch ist sie antik)

können, als bedeutender Staatsmann und vielleicht als großer Reformer des karthagischen Gemeinwesens erinnert zu werden.

All diese Potentiale waren jedoch durch die Faktizität der verwirklichten Geschichte abgeschnitten worden. Hannibal *hatte* gegen Rom verloren und war in der Folge zum Leben als Flüchtling verdammt; Antiochos *hatte* gegen Rom verloren und Hannibal war die Rückkehr in die Heimat verwehrt geblieben; Karthago *war* zerstört worden und damit aus der Geschichte gewichen. Was aus dem Potpourri der Taten und des Strebens Hannibals damit als erinnerungswürdig blieb, war in der Tat nur seine Funktion als Feldherr im Krieg gegen die Römer, waren seine Niederlage und sein vergebliches Bemühen, die Folgen dieser Niederlage zu bewältigen, indem er jemand anderen suchte, der Rom an seiner statt schlagen könnte. Was blieb, war also in der Tat nur ‹Hannibal, Roms größter Feind›. Dass Hannibal diese Perspektive schlussendlich wohl sogar selbst übernahm, ändert an dem Befund der deutlich weiter gestreuten Potentialität nichts, denn auch Hannibal betrachtete sein Leben ab einem bestimmten Zeitpunkt nicht mehr unter der Maßgabe, was alles hätte sein können, sondern was faktisch war. Er wurde damit zu seinem eigenen Biographen, und es ist kein Zufall, dass seine wenigen eigenen Äußerungen, die das dominierende Motiv des ewigen, aber glücklosen Rom-Gegners zu bestätigen scheinen, allesamt erst nach seiner Vertreibung aus Karthago getätigt worden sind.

In der letzten Phase seines Lebens, als mögliche Alternativen nach und nach abgeschnitten worden waren, ließ sich in seinen Lebensweg daher kaum mehr anders Sinn einweben als durch die tragische Geschichte des Scheiterns seiner historischen Mission. Im Verlauf seiner Vita selbst war alles noch viel offener. Dieser (jedoch nur scheinbare) Widerspruch markiert dann das große Problem, vor dem sich jeder Beobachter eines Lebens historischer Personen gestellt sieht, seien es moderne Forscherinnen und Forscher, seien es antike Quellenautoren – oder seien es die betreffenden Personen selbst. Das gängige Hannibal-Bild (sowohl in den Quellen als auch in der Forschung) hat insofern durchaus seine Berechtigung, war aber niemals zwangsläufig. Die historische Biographie betrachtet ein Leben von der Faktizität seines Ausgangs her. Das Leben selbst ist jedoch immer ein Prozess, der an jedem Punkt mehr Möglichkeiten bietet als letztlich verwirklicht werden können.

Zeitleiste

seit 508/507 v. Chr.	Verträge zwischen Karthago und Rom, u. a. 279 v. Chr. zur Abwehr des Epirotenkönigs Pyrrhos; umstritten ist die Existenz des sog. ‹Philinos-Vertrags› (306 v. Chr.?) zur Abgrenzung beiderseitiger Einflusssphären auf Sizilien und in Italien.
264–241 v. Chr.	Erster karthagisch-römischer Krieg; ausgelöst durch die Besetzung der sizilischen Stadt Messana durch Rom.
247 v. Chr.	Hannibal wird geboren; sein Vater Hamilkar Barkas wird karthagischer Oberbefehlshaber auf Sizilien.
241 v. Chr.	Römischer Seesieg bei den Ägatischen Inseln; Karthago kapituliert, verliert seine Herrschaft über Sizilien und wird zu hohen Kriegskontributionen verpflichtet (‹Lutatius-Vertrag›).
241–238 v. Chr.	Infolge der Demobilisierung karthagischer Söldner kommt es zum sog. ‹Söldnerkrieg›; Karthago gelingt es unter Hamilkar und Hanno, den Aufstand niederzuringen; Rom nutzt die Situation, um den Karthagern Sardinien zu entreißen.
237 v. Chr.	Beginn der Eroberung Iberiens durch Hamilkar; der Feldherr wird von seinem Sohn Hannibal begleitet, der zum Auftakt des Feldzugs angeblich den Eid ablegt, niemals ein Freund der Römer sein zu wollen.
229 v. Chr.	Hamilkar fällt bei der Belagerung von Helike; der Oberbefehl in Iberien geht auf seinen Schwiegersohn Hasdrubal über; Hannibal profiliert sich unter ihm als Kommandant der Reiterei.
um 227 v. Chr.	Hasdrubal gründet Neukarthago als Hauptstadt für das karthagische Iberien.
um 226 v. Chr.	Hasdrubal verpflichtet sich gegenüber den Römern, nicht in kriegerischer Absicht den Ebro zu überschreiten.

221 v. Chr.	Hasdrubal wird ermordet; der Oberbefehl in Iberien geht auf seinen Schwager Hannibal über, der sich unmittelbar daranmacht, den Einfluss Karthagos nach Norden hin auszuweiten.
219/218 v. Chr.	Hannibal belagert und erobert die unter römischem Schutz stehende iberische Stadt Sagunt; römische Gesandte erklären vor dem Rat in Karthago den Krieg.
218–201 v. Chr.	Zweiter karthagisch-römischer Krieg.
218 v. Chr.	Hannibal überquert die Alpen und gelangt nach Norditalien; Niederlagen der Römer unter P. Cornelius Scipio und Ti. Sempronius Longus am Ticinus und an der Trebia.
217 v. Chr.	Hannibal besiegt den römischen Konsul C. Flaminius in der Schlacht am Trasimenischen See; die Ernennung des Q. Fabius Maximus Verrucosus (‹Cunctator›) zum Dictator stabilisiert die römische Position kurzzeitig.
216 v. Chr.	Hannibal vernichtet in der Schlacht von Cannae acht römische Legionen unter L. Aemilius Paullus und C. Terentius Varro; in der Folge verzichtet er darauf, auf Rom zu ziehen; Capua und einige andere Bundesgenossen Roms in Süditalien fallen zu den Karthagern ab.
215 v. Chr.	Hannibal schließt ein Bündnis mit dem Makedonenkönig Philipp V.; Beginn des ersten römisch-makedonischen Krieges (bis 205 v. Chr.); das sizilische Syrakus tritt auf die Seite Karthagos.
212 v. Chr.	M. Claudius Marcellus erobert Syrakus; Hannibal nimmt das apulische Tarent ein, wobei die Römer aber die Burg der Stadt halten können.
211 v. Chr.	Ap. Claudius Pulcher erobert Capua, nachdem ein Scheinangriff Hannibals auf Rom zum Entsatz der Stadt verpufft; in Iberien fallen die Scipionen-Brüder und werden durch P. Cornelius Scipio (den späteren ‹Africanus›) ersetzt.
209 v. Chr.	Scipio erobert Neukarthago und schlägt daraufhin die Karthager unter Hannibals Bruder Hasdrubal bei Baecula.

208 v. Chr.	Der Cunctator erobert Tarent zurück; Hannibals Bruder Hasdrubal zieht über die Alpen nach Italien.
207 v. Chr.	Die vereinten Heere der römischen Konsuln C. Claudius Nero und M. Livius Salinator schlagen am Metaurus Hasdrubal und verhindern einen Zusammenschluss der beiden barkidischen Heere.
206 v. Chr.	Scipio vertreibt die Karthager endgültig aus Iberien. Die karthagischen Resttruppen gelangen unter Hannibals Bruder Mago nach Norditalien, werden aber bei Genua von den Römern festgesetzt.
204 v. Chr.	Römische Truppen landen unter Scipio in Nordafrika; die Belagerung von Utica scheitert.
203 v. Chr.	Scipio besiegt die Karthager unter Hasdrubal (Giskos Sohn) in der Schlacht auf den Großen Feldern; Scipios Unteroffizier C. Laelius nimmt in Cirta den Numider Syphax gefangen.
203/202 v. Chr.	Friedensverhandlungen zwischen Rom und Karthago scheitern; im Zuge des zwischenzeitlichen Waffenstillstands zieht Hannibal aus Italien ab und gelangt nach Nordafrika.
202 v. Chr.	Hannibal unterliegt Scipio in der Schlacht von Zama; bedingungslose Kapitulation Karthagos.
201 v. Chr.	Friedensvertrag zwischen Karthago und Rom: Karthago verliert seine Großmachtstellung und gerät in politische Abhängigkeit von Rom; Hannibal muss den Oberbefehl niederlegen, darf aber in Karthago bleiben.
200–197 v. Chr.	Zweiter römisch-makedonischer Krieg; Sieg der Römer unter T. Quinctius Flamininus über Philipp V. in der Entscheidungsschlacht bei Kynoskephalai.
196/195 v. Chr.	Als Sufet stößt Hannibal innenpolitische Reformen in Karthago an; seine Gegner bringen ihn in Verdacht, mit dem Seleukidenkönig Antiochos III. gegen Rom zu konspirieren.

195 v. Chr.	Angesichts seiner drohenden Auslieferung nach Rom flieht Hannibal nach Tyros und von dort weiter ins Reich des Antiochos; vergeblicher Versuch, diesen von einer Invasion Italiens zu überzeugen.
193 v. Chr.	Eine römische Gesandtschaft trifft am Hof des Antiochos in Ephesos auf Hannibal; angebliches Gespräch über den größten Feldherrn aller Zeiten.
192–188 v. Chr.	Römisch-syrischer Krieg; erfolglose Beteiligung Hannibals als Flottenkommandant des Antiochos; die Römer siegen unter L. Cornelius Scipio Asiagenus in der Entscheidungsschlacht von Magnesia.
189 v. Chr.	Hannibal flieht in die Stadt Gortyn auf Kreta und von dort weiter nach Armenien zu König Artaxias I.
186 v. Chr.	Hannibal findet Zuflucht bei König Prusias I. in Bithynien; er beteiligt sich als Flottenkommandant am Krieg des Prusias gegen Pergamon.
183/182 v. Chr.	Der von Rom nach Kleinasien gesandte Flamininus erzwingt in Bithynien Hannibals Selbstmord.
149–146 v. Chr.	Dritter karthagisch-römischer Krieg; Zerstörung Karthagos durch P. Cornelius Scipio Aemilianus.

Auswahlbibliographie

Eine Beschränkung auf das Wesentliche ist die eigentliche Herausforderung beim Abfassen eines so schmalen Bändchens zu einem solch weiten Thema. Das gilt auch für die Hinweise zur weiteren Lektüre. Eine erschöpfende Liste der Forschungsliteratur wird daher niemand erwarten. Stattdessen sei hier eine kleine Auswahl gegeben, die zum Ersten nach Maßgabe der Zugänglichkeit erfolgt, weshalb ein deutscher Titel im Zweifel den Vorzug vor einem fremdsprachigen erhält. Zum Zweiten sollen möglichst viele verschiedene Aspekte des Themas abgedeckt werden. Zum Dritten finden sich ‹Klassiker› der Forschung als Ausgangspunkt für eine vertiefende Beschäftigung mit Hannibal. Hier sei insb. auf die Studien von Jakob Seibert und Serge Lancel verwiesen, darüber hinaus auf das umfangreiche Werk von Dexter Hoyos.

Acquaro, E., Su i ‹ritratti Barcidi› delle monete puniche, in: Rivista Storica dell'Antichità 13/14 (1983/84), 83–86.

Barceló, P., Beobachtungen zur Entstehung der barkidischen Herrschaft in Hispanien, in: H. Devijver/E. Lipinski (Hgg.), Punic Wars (Orientalia Lovaniensia Analecta 33 = Studia Phoenicia 10), Leuven 1989, 167–185.

Barceló, P., Hannibal. Stratege und Staatsmann, Stuttgart 2004.

Bickerman, E. J., Hannibal's Covenant, in: American Journal of Philology 73 (1952), 1–23.

Bringmann, K., Der Ebrovertrag, Sagunt und der Weg in den Zweiten Punischen Krieg, in: Klio 83 (2001), 369–376.

Brizzi, G., Annibale. Come un'autobiografia, Mailand 1994.

Brizzi, G., Scipione e Annibale. La guerra per salvare Roma, Rom 2007.

Christ, K. (Hg.), Hannibal (Wege der Forschung 371), Darmstadt 1974.

Christ, K., Hannibal (Gestalten der Antike), Darmstadt 2003.

Daly, G., Cannae. The Experience of Battle in the Second Punic War, London/New York 2002.

Erskine, A., Hannibal and the Freedom of the Italians, in: Hermes 121 (1993), 58–62.

Geus, K., Prosopographie der literarisch bezeugten Karthager (Orientalia Lovaniensia Analecta 59 = Studia Phoenicia 13), Leuven 1994.

Geus, K./K. Zimmermann (Hgg.), Punica – Libyca – Ptolemaica. Festschrift für W. Huß zum 65. Geburtstag (Orientalia Lovaniensia Analecta 104 = Studia Phoenicia 16), Leuven 2001.

Günther, L.-M., Hannibal im Exil. Seine antirömische Agitation und die römische Gegnerwahrnehmung, in: H. Devijver/E. Lipinski (Hgg.), Punic Wars (Orientalia Lovaniensia Analecta 33 = Studia Phoenicia 10), Leuven 1989, 241–250.

Günther, L.-M./B. Morstadt (Hgg.), Phönizische, griechische und römische Gottheiten im historischen Wandel (Contextualizing the Sacred 5), Turnhout 2015.

Hoyos, D., Unplanned Wars. The Origins of the First and Second Punic Wars (Untersuchungen zur Antiken Literatur und Geschichte 50), Berlin/New York 1998.

Hoyos, D., Hannibal's Dynasty. Power and Politics in the Western Mediterranean, 247–183 BC, London 2003.

Hoyos, D. (Hg.), A Companion to the Punic Wars (Blackwell Companions to the Ancient World), Chichester 2011.

Huß, W., Geschichte der Karthager (Handbuch der Altertumswissenschaft 3,8), München 1985.

Huß, W., Hannibal und die Religion, in: C. Bonnet u. a. (Hgg.), Religio Phoenicia (Studia Phoenicia 4 = Collection d'Études Classiques 1), Namur 1986, 223–238.

Kromayer, J./G. Veith, Schlachten-Atlas zur antiken Kriegsgeschichte, Leipzig 1922–1929.

Lancel, S., Carthage, Paris 1992.

Lancel, S., Hannibal, Paris 1995.

MacDonald, E., Hannibal. A Hellenistic Life, London/New Haven 2015.

Mahaney, W. C., The Hannibal Route Controversy and Future Historical Archaeological Exploration in the Western Alps, in: Mediterranean Archaeology and Archaeometry 16 (2016), 97–105.

Mansel, A. M., Zur Lage des Hannibalgrabes, in: Archäologischer Anzeiger 87 (1972), 257–275.

Matijevič, K., Der Ebrovertrag und die Verantwortlichkeit für den 2. Punischen Krieg, in: Gymnasium 122 (2015), 435–456.

Niemeyer, H. G., Das frühe Karthago und die phönizische Expansion im Mittelmeerraum (Veröffentlichungen der Joachim Jungius-Gesellschaft der Wissenschaften Hamburg 60), Göttingen 1989.

San José Campos, C., La ‹imitatio Alexandri› de Anibal Barca, in: Studia Historica. Historia Antigua 38 (2020), 21–48.

Scardigli, B., I trattati Romano-Cartaginesi (Relazioni interstatali nel mondo antico. Fonti e studi 5), Pisa 1991.

Schmitt, T., Hannibals Siegeszug. Historiographische und historische Studien vor allem zu Polybios und Livius (Quellen und Forschungen zur Antiken Welt 10), München 1991.

Scullard, H.H., Carthage and Rome, in: A.E. Astin u.a. (Hgg.), The Rise of Rome to 220 BC (The Cambridge Ancient History[2] 7,2), Cambridge 1989, 486–572.

Seibert, J., Forschungen zu Hannibal, Darmstadt 1993.

Seibert, J., Hannibal, Darmstadt 1993.

Seibert, J., Hannibal. Feldherr und Staatsmann (Zaberns Bildbände zur Archäologie), Mainz 1997.

Toynbee, A.J., Hannibal's Legacy. The Hannibalic War's Effects on Roman Life. 2 Bde., London 1965.

Villaronga, L., Las monedas hispano-cartaginesas, Barcelona 1973.

Will, W., *Mirabilior adversis quam secundis rebus*. Zum Bild Hannibals in der 3. Dekade des Livius, in: Würzburger Jahrbücher für die Altertumswissenschaft, N.F. 9 (1983), 157–171.

Zimmermann, K., Karthago. Aufstieg und Fall einer Großmacht, Stuttgart 2010.

Zimmermann, K., Rom und Karthago (Geschichte kompakt), Darmstadt [3]2013.

Bild- und Zitatnachweis

S. 51: © KHM-Museumsverband
S. 74: mauritius images/Erin Babnik/Alamy/Alamy Stock Photos
S. 96: bpk/RMN–Grand Palais/Les frères Chuzeville
S. 117: akg-images

Sämtliche Karten: © Peter Palm, Berlin

Wörtliche Übersetzungen von Livius-Passagen orientieren sich weitgehend an den Übersetzungen von Josef Feix und Hans Jürgen Hillen in der Tusculum-Ausgabe des Livius.

Register

Das Register umfasst Personen, Personengruppen und Orte. Eine nähere Bestimmung von Personen erfolgt nur bei Namenshäufungen. Völker und andere Personengruppen werden bei den ihnen zugehörigen Toponymen gelistet, sofern beide begegnen. Hannibal selbst ist, aus naheliegenden Gründen, nicht aufgeführt – es geht sowieso immer um ihn.